LA DOCTRINE GUERRASSIMOV

Patrick de Friberg

LA DOCTRINE GUERRASSIMOV

Roman

Les éditions Changer d'Ère

© 2020, *Les éditions Changer d'Ère,* Véronique Anger

ISBN : 979-10-96140-01-5

Les éditions Changer d'Ère

Collection Délit d'encre

www.forumchangerdere.fr
Suivez-nous sur Twitter :
@changerdere

Corrections et conception :
Espaces comprises

Crédit photo :
iStockphoto.com/Icoccia

La doctrine Guerrassimov

Du général Valeri Guerrassimov, chef d'État-major des armées de la Fédération de Russie sous la présidence de Vladimir Poutine.
Premier utilisateur connu de la guerre moderne révélée par l'annexion de la Crimée, dite hybride, mettant en œuvre au même niveau que les forces conventionnelles, et sous un commandement unique, les troupes spéciales, le commandement du cyber, de l'information, de la propagande et du contrôle des mouvements de foules, ainsi que la coordination diplomatique et médiatique.
La Russie est entrée dans la guerre future.

Les GAFAM possèdent des moyens financiers bien supérieurs…

Sun Tzu
L'Art de la guerre

Discréditez tout ce qui est bien dans le pays de l'adversaire.

Impliquez les représentants des couches dirigeantes de vos adversaires dans des entreprises criminelles.

Ébranlez leur réputation et livrez-les le moment venu au dédain de leurs concitoyens.

Utilisez la collaboration des créatures les plus viles et abominables.

Désorganisez par tous les moyens l'activité de leurs gouvernements.

Répandez la discorde et les querelles entre les citoyens du pays hostile.

Excitez les jeunes contre les vieux.

Ridiculisez les traditions de vos adversaires.

Perturbez de toutes vos forces l'intendance, le ravitaillement, et l'armée de l'ennemi.

Affaiblissez la volonté des guerriers de l'ennemi par des chansons et de la musique sensuelle.

Envoyez des filles de joie pour accomplir l'œuvre de séduction.

Soyez généreux dans vos promesses et vos cadeaux pour acheter des informations. N'économisez pas l'argent, car l'argent ainsi dépensé rapportera un riche intérêt.

Infiltrez partout vos espions.

Seul un homme qui a ces moyens à sa disposition et sait en user pour répandre querelles et décomposition - seul un homme pareil est digne de gouverner et de donner des ordres. Il est le trésor de son souverain. Il est le pilier de l'État.

« Déjà, en 2012, l'ancien chef de la NNSA, Thomas D'Agostino, a déclaré à l'US News and World Report que les laboratoires nucléaires et le ministère de l'Énergie sont constamment attaqués. Le porte-parole de la NNSA a d'ailleurs affirmé à l'époque que l'agence subissait effectivement 10 millions de cybermenaces graves chaque jour. »

Politico, décembre 2020

L'unité 54777 est insérée au sein du GRU, le service de renseignement extérieur russe. Elle y est en charge des opérations de « guerre psychologique » et d'influence auprès des opinions publiques étrangères, l'une des trois composantes de la « confrontation informationnelle », avec le cyber et la protection de la Russie contre les influences extérieures.

Le Figaro, février 2021

TABLE DES CHAPITRES

Ce roman est une fiction.
Tous les événements et les personnages sont imaginaires,
ainsi que les lieux et les dates dont s'inspire l'auteur.
La réalité est souvent plus sombre.

PROLOGUE

Le Boss

Nous étions au croisement d'Haight et Ashbury.

Un peu en retrait sur Ash, côté soleil californien du matin, trottoir de gauche. La ville était déserte.

Trottoir de droite, deux agents en uniforme dormaient dans une voiture de police qui avait trouvé un peu d'ombre sous le panneau d'interdiction de stationner.

L'été avait asséché l'endroit de toute vie. Pas un oiseau ni même un lézard. J'étais dans le désert d'une ville abrutie par la canicule.

Je m'étonnais à peine que le bar à l'angle des rues ait affiché son *Closed* – écrit à la craie sur une ardoise d'écolier – à une heure d'affluence. Pourtant, le refuge climatisé offrait la meilleure glace à la crème du quartier.

J'étais aux États-Unis depuis si peu de temps. Je m'étonnais de tout : des horaires flottants, du vingt-quatre heures sur vingt-quatre, d'une fermeture subite à l'heure de la sieste du patron ou du passage des racketteurs de la mafia imposant au prix fort leur « protection » aux commerçants du quartier.

Un problème avait stoppé net mon rêve de voyage dans les steppes russes. L'administration attribuait à la « maîtrise de langues étrangères » – comme le mentionnait mon dossier personnel – la plus grande importance. Ouvrir le dossier aurait renseigné le fonctionnaire – bien plus important encore – sur ma spécialité. « Russe et letton » et non américain.

Je n'avais pas trente ans.

À l'époque, Aldrich Ames, la taupe du KGB à la CIA, n'avait pas encore été arrêté. Depuis 1985, il avait déjà donné les noms des meilleurs agents infiltrés en URSS. Il les avait vendus aux services secrets soviétiques – pour du fric, certainement pas par idéologie –, dont celui du colonel Oleg Gordievsky, le *Rezident* de l'ambassade de Russie à Londres. Espion pour le MI6, il est le seul à ce jour à avoir réussi l'exploit d'être exfiltré depuis Moscou. Les autres espions n'auront pas cette chance et recevront une balle dans la nuque dans la cave de la Loubianka.

Ames avait trahi pour garder son épouse aux goûts de luxe. Sa première liste de noms offerte à Moscou lui avait permis d'acheter une Jaguar couleur crème et d'obtenir un rendez-vous dans une clinique pour stars. Il s'était fait poser des facettes dentaires pour cacher sa dentition pourrie par la nicotine et les sucreries auxquelles il était accro. Pour assouvir ses caprices et conserver son train de vie – sans commune mesure avec les moyens d'un fonctionnaire – il livrait quelques noms. Et des hommes étaient assassinés : des vies contre une enveloppe de dollars vite dépensée.

J'étais alors novice, et la perspective de la trahison symbolisait pour moi la chute d'un ange, la honte de la géhenne. Je n'avais pas encore compris la complexité du traître s'inventant des excuses pour se persuader qu'il agissait pour la bonne cause, son entourage ignorant tout de son complexe de surhomme. Celui qui trahit quand il ne croit plus en son camp.

Je portais un pantalon à « pattes d'eph », une chemise à fleurs, un bracelet en perles de corail et une calotte de soie en madras contenait mes cheveux rebelles.

L'Union soviétique était encore unie autour des vieillards de Moscou, mais craquait sous la dette et les pénuries. Thatcher avait déjà été baptisée *la Dame de fer* par *Étoile rouge* en 1976, un journal militaire de Leningrad. La désinformation du KGB amplifiée par des caisses de résonnance très actives en Occident avait récupéré le surnom pour stigmatiser son anticommunisme et l'ériger en symbole de l'âpreté du capitalisme. Le KGB était l'expert depuis trente ans des slogans politiques et du marketing de guerre.

L'Amérique de Reagan se lançait dans la guerre des étoiles. Rivaliser avec la première puissance mondiale allait achever de ruiner l'économie russe, exsangue après la guerre en Afghanistan où s'était abîmée une partie de la jeunesse qui avait goûté, parfois à en mourir, aux paradis artificiels des drogues dures.

La France avait réélu son vieux président malade. Du haut de sa supériorité intellectuelle, un piédestal digne d'un monarque immortel, Mitterrand transcendait la réalité, construisant sa légende à coups de symboles mystiques.

Le monde était séparé, mais rassuré par une réalité : la certitude qu'incarnait le Mur de Berlin. Les peuples allaient bientôt perdre cet unique repère, cette ligne infranchissable entre l'Est et l'Ouest.

Pourtant, les premiers signes étaient là : le Shah d'Iran était mort au Caire en 1980. La révolution islamiste des Chiites menaçait d'entrer en guerre totale avec l'islamisme sunnite.

Tous les indices des nouvelles guerres à venir s'étalaient dans les alliances et les désamours alors que nous regardions le passé, le présent et le futur avec la conviction de l'éternité du statu quo de la guerre froide.

Avant de rencontrer le Boss, je parlais l'anglais appris à l'école. J'étais un Français en voyage, ce dont personne autour de moi ne doutait même si j'avais obtenu ma *green card* en un temps record.

Le Frenchy que j'étais restait discret, un vrai timide. Il avait bien une copine de temps en temps, au hasard d'une rencontre ou d'une beuverie sur la plage, mais il demeurait un solitaire, grattant sa guitare qui avait fait le tour du monde, ainsi que je le racontais.

J'étais le plus jeune des officiers choisis pour cette opération.

Celui qui, dans une filature, est toujours à pied, en sueur, à faire le serre-file, alors que les autres profitent des voitures « à la clim ».

J'aimais ma vie, ma légende, et la liberté que la mission d'infiltré me procurait. Je pouvais devenir moniteur dans un club de plongée, ou plongeur à la journée pour ramasser des coquillages que je revendais aux boutiques de colifichets. J'emmenais de grosses Américaines découvrir les fonds marins en leur tenant la main. Tous les soirs, je jouais dans un groupe de musique sans avenir, médiocre, nonchalant, sous l'emprise permanente de l'herbe et du crack.

Ce jour-là j'avais de vrais cheveux, longs, très longs, très sales. Une image à ne pas montrer à ma mère ni à quiconque m'avait connu en culottes de scout ! Je ne me lavais que dans le Pacifique, quelquefois tout habillé. Sauf quand j'avais une réunion – toujours compliqué dans une vie de double jeu – avec ma hiérarchie, dans une planque ou, le plus souvent budget oblige, au consulat.

Le soleil de plomb frappait à la verticale, parfaitement pointé au faîte du pylône de signalisation qui séparait les deux quartiers de San Francisco.

Panneau Haight, la flèche dirigée derrière moi, mille cinq cents mètres. Ashbury, à gauche sur quatre cents mètres. Inscriptions noires sur fond blanc. L'épicentre du royaume du Boss.

Il m'avait accueilli en levant le doigt vers le ciel. Un geste désignant une preuve irréfutable que nous nous tenions debout au milieu d'un tout.

« Tu vois, man ! Pas difficile à comprendre ! Pas le centre de l'Amérique, celui du monde entier ! De l'Univers ! Galilée aurait dû être brûlé comme Giordano Bruno et tous les astronomes depuis ! »

Ses mots roulaient les « r » comme un *vaquero* mexicain. Avant ce matin-là, il en avait adopté la moustache ainsi que la barbe longue, qu'il avait rousse, tenue par un élastique de couleur.

L'enceinte, accrochée à une lanière de cuir pendant sur son épaule, hurlait en boucle la voix criarde rendue atone, usée par le mange-cassettes. *Blood on the Tracks*, le disque de la tournée *Before the Flood* de Bob Dylan.

Son disque préféré.

Il aurait appelé son fils Dylan s'il en avait eu un… mettant au même plan ce « Quand je serai bon pour l'hospice, je recueillerai un vieux clebs aussi famélique que lui. Il répondra au nom de Bob », continuait-il.

Il ne se séparait jamais de son engin de torture. « Un outil pour convertir la population à la vraie musique », répétait-il quand je l'implorais de baisser le son.

C'était plutôt un subterfuge idéal pour couvrir les conversations espionnées par les microphones de la SFPD, le DEA, la BNDD et autres acronymes décidés à le jeter pour cinq cents ans derrière les barreaux des prisons fédérales. Les motifs ne manquaient pas : trafic de drogue, blanchiment, corruption, meurtres… Un cumul infini de condamnations pour des délits dits mineurs qui, selon la législation américaine, augmenterait les peines principales de quelques centaines d'années. Un *add insult to injury* cher aux Anglo-Saxons.

En sursis, il surfait sur la loi comme les blondinets baraqués guettaient les bonnes vagues depuis leur spot de surf dès le lever du soleil. Tout comme ces fous de glisse souriants en équilibre sur leur planche, applaudis par les plus jolies filles de la plage, il se laissait griser par le danger ne doutant à aucun instant qu'il vaincrait les éléments.

« Le truc de la perte d'équilibre qui permet de rester debout sur les lames des hauts-fonds, man ! Je ne suis pas Jésus marchant sur les eaux de la légalité, man ! Je surfe sur la loi et Bobby est mon seul Dieu ! » continuait-il en secouant la main vers l'océan. À ses doigts, des bagues aux pierres scintillantes jouaient avec les reflets du soleil.

Comment lui avouer que je n'en pouvais plus de son chanteur, de son harmonica criard et de ses ritournelles poétiques à endormir un pacifiste antiguerre du Vietnam en train de préparer sa bombe.

Bob Dylan « l'arme fatale », avais-je écrit dans mon dernier rapport. J'en mangeais du soir au matin depuis un mois. Heureusement, mon calvaire cessait avec l'aube, parce qu'avec le Boss la journée n'existait pas, ou peut-être un peu dans ses cauchemars de toxicomane où il prédisait un prix Nobel à son troubadour préféré.

Le Boss s'effondrait, tout habillé, sur le canapé de son petit bureau à l'étage situé juste au-dessus du bar. Un espace capitonné de tentures cubaines aussi silencieux qu'un cercueil. Au premier ronflement, ma journée de travail s'achevait. Elle reprendrait dès l'appel téléphonique de la voix d'outre-tombe qui s'étonnerait de mon absence.

« Mais qu'est-ce que tu fous, man ? J'ai besoin de toi et tu es encore au lit ? Sûrement avec une bimbo qui aime les Français, parce qu'ils mentent en amour aussi bien qu'un politicien en promesses électorales ? Je te paye pour quoi, crois-tu ? »

Après cette folle virée nocturne, qu'il appelait sa conquête mystique, je partais me laver le crâne avec Bill Evans et

Chet Baker. Je me défoulais en nageant à n'en plus sentir mes bras et mes jambes. Puis je roulais dans mon combi Volkswagen jaune en attendant le signe convenu pour me garer. Une équipe me ferait disparaître et installerait un sosie bien grimé dans mon studio.

J'entrais dans le parking, lieu du rendez-vous, caché à l'arrière d'une camionnette de livraison.

Quelques heures pour compléter des dossiers, répondre à des questions, entendre les grossièretés du chef de mission, avant de dormir sur place et de repartir sur le terrain.

Si le Boss m'avait soupçonné d'occuper ce poste de fonctionnaire fidèle à la nation qui avait traqué Hô Chi Minh, *le libérateur des peuples d'Indochine*, pour se faire ensuite massacrer dans la Cuvette et humilier à Genève, j'aurais gagné un voyage sans retour sur sa barque de pêche.

Non pour m'expliquer sous la lune des amoureux, mais comme plat de résistance offert aux requins de la baie, lourde chaîne et parpaings attachés aux mollets.

Mais, avant le dernier bain, son dentiste m'aurait arraché toutes les dents. Et parce que l'homme était curieux de sciences différentes, il aurait trempé mes doigts dans un mélange d'acides travaillés selon une recette personnelle et secrète. Tout cela de mon vivant bien entendu. Pourquoi faire appel à un anesthésiste quand on est un bourreau multicarte qui ne trahira jamais son serment d'Hippocrate ? Ce genre-là aime à rappeler qu'ils sont, avant tout, des chercheurs.

Ce jour-là, le Boss m'avait appelé sur la ligne spéciale inscrite sous mon pseudo, redistribuée depuis une adresse du quartier de Castro où je louais l'appartement, jusqu'au consulat.

C'était la première fois qu'il ne dormait pas en matinée.

Je le rejoignis sans attendre, fébrile à la perspective de rencontrer le meilleur agent de l'antenne de la DGSE en Amérique. Celui qui pouvait s'emparer de tous les secrets parce qu'il était l'empereur du monde des junkies, ses clients.

D'un coup de fil, il pouvait griller le consommateur auprès de tous les dealers de la West Coast. Aucun addict au LSD ou à la cocaïne n'aurait essayé de lui résister.

À l'époque où nous nous sommes rencontrés je jouais dans un groupe. Deux jours par semaine dans une gargote, dont nous savions qu'il en était propriétaire. Notre partition n'était que reprises jazzy des chansons de son idole.

« Une horreur, man ! Un massacre dont l'humanité ne se relèvera qu'en inventant une authentique religion pour effacer ce nouveau péché originel ! »

Il en serait le pape, jetant l'anathème sur tous les musiciens de jazz. Le Mal absolu, pire que le violon, cet instrument diabolique qui avait converti un temps les âmes à la religion unique de la musique classique.

Pour éviter que nous ne récidivions, il m'avait proposé une dose de coke – « À l'essai, man, tu vas voir comment c'est beau de sentir Dieu sous les moindres de tes nerfs » – que j'avais refusée : « J'suis un Frenchy, je n'ai pas la santé ! »

Il m'avait jaugé, ses mains me collant au mur, son visage si proche que je pouvais lire ses veines, des tempes aux iris de ses yeux clairs. Le livre de sa vie.

Quand il m'avait relâché, son homme de main m'avait jeté une poignée de billets en m'ordonnant de disparaître.

« J'peux refuser, m'sieur ? »

Il allait sortir du petit bureau où on m'avait emmené, quand il s'arrêta net. Il m'aurait embrassé ou même épousé s'il avait pu, alors que je répliquais :

« Je ne mérite pas un cachet comme çui-là pour avoir massacré le grand Bob Dylan qu'ils m'ont forcé à bousiller. »

Deux jours plus tard, il me confiait une liasse de dollars à investir pour lui dans un salon de coiffure.

« Fais ça aux heures de cette farce que vous nommez concert surtout. En plus, tes abrutis de collègues ont du succès. Une nouvelle preuve que Dieu a abandonné l'humanité, man ! »

Après la transaction signée devant un clerc de notaire à l'allure de croque-mort, les anciens propriétaires n'avaient même pas changé le nom de leur enseigne. Ils avaient même continué à travailler sur place. Seul le registre du cadastre avait été modifié, mentionnant désormais le nom de mon faux passeport.

Un peu plus tard, j'apposais ma signature – celle d'une légende créée pour la mission – sur une centaine de biens divers invariablement proches des plages et des touristes, des clubs et des lieux branchés. Plusieurs fois par semaine, voire plusieurs fois par jour, j'ouvrais un vieux cartable bourré de liasses de mille dollars, retirés de la circulation depuis 1969, mais valables pour l'éternité du *God bless us*. Puis je serrais la main du vendeur alors que le notaire frappait de son tampon-buvard à poignée en ivoire l'encre fraîche.

Les transactions étaient commissionnées « si elles ne posaient aucune difficulté ». Je gagnais dix fois ma solde, et mes rétributions alimentaient le coffre-fort des opérations de mon service.

Durant tout ce temps passé à acheter, visiter, et parfois revendre aussi vite, jamais je n'eus à élever la voix. Nul ne contestait la promesse faite au Boss. « Ses clients » cédaient leurs fonds de commerce sans oser imaginer qu'il fût possible de faire autrement. Même quand le prix proposé était dérisoire. Sans que je m'en doute, le Boss réglait la dette secrète d'un fils ou d'un frère, tout en garantissant sa complète extinction.

Alors que j'étais devenu en deux mois l'homme de confiance du Boss, un soir, l'un de ses gorilles m'avait parlé, inquiet. Il corrigeait les buveurs, les ruinés par le tarif des faux champagnes, les mains baladeuses sans contreparties sur les serveuses... Après quelques poings bien ajustés, que les récalcitrants ne risquaient pas d'oublier, il les jetait directement dans la rue.

Je l'aimais bien. Il m'avait appris à frapper par surprise d'un seul coup au menton les plus costauds des resquilleurs qui s'effondraient sur place, le cerveau foudroyé par la brusque rotation du crâne.

Il m'avait confié que le Boss commençait à leur parler de moi en me surnommant « le fils ».

Le vieux boxeur m'avait prévenu de ne jamais sous-estimer ce titre d'adoption et de ne jamais jouer avec les sentiments du patron.

Je voyais qu'il hésitait à me serrer dans les bras. Comme si je ne devais jamais le revoir.

Je savais, mais l'en remerciais quand même, que notre employeur ne me pardonnerait jamais la moindre déception.

Comme l'époque le prévoyait, celle des trahisons de fin de cycle quand les certitudes et les doutes se mélangent à la soif de posséder, à l'ennui, aux addictions, au sexe ou à l'amour éternel. Ce ne fut pas moi qui le trahis, mais l'un de nôtres. Moi, par hasard, une victime collatérale.

« Pas de bol, Mort'au'C, m'aurait dit mon chef de l'époque si j'avais eu la chance de pouvoir l'entendre. »

À Paris, un réseau du KGB était à l'agonie, aux abois après une longue et redoutable enquête. Bien intégrés dans l'organigramme du service du renseignement extérieur français, des hommes médiocres à l'exact opposé des grands personnages qui font l'Histoire, étaient des cibles parfaites pour un « retournement » au profit d'une cause noble.

Les stratèges de Moscou connaissaient le talon d'Achille de ces quelques éléments : un passé militaire d'anciens de l'Indochine anti-Américains, prenant fait et cause pour un Vietnam pauvre mais souverain bombardé par la puissance US. Les Russes savaient appuyer sur le meilleur des boutons, la rancœur. Il suffisait de les inciter à se racheter pour leurs crimes : n'étaient-ils pas complices des massacreurs coloniaux ? Avec une logique naïve, les anciens soldats oppresseurs devenaient des héros en dénonçant les intérêts politiques ou industriels de ces capitalistes occidentaux qui n'avaient pas quitté les territoires libérés.

Derrière ces faux pavillons adaptés au profil des futures taupes, les *traitants* de la place Dzerjinski se délectaient de manier le bâton de la terreur et la carotte des vices offerts sans limites morales ou financières.

Mon réseau avait été corrompu par un de ces officiers, un administratif de mon service. Bien entendu, celui-ci en ignorait l'importance, se contentant d'assurer la logistique RH. D'ailleurs, il déclarera à son procès qu'il pensait ne fournir que quelques miettes, qu'il s'efforçait de cacher les « vraies opérations ».

Pas de bol, mon gars, j'étais ta miette de trop… et l'un de ses derniers cadeaux au KGB. La fin de mon voyage en Californie. La fin d'une vie aussi.

CHAPITRE 1

Une vie contre une autre

Je retrouvais le Boss sous le panneau illuminé de soleil.

Il m'attendait, appuyé contre une limousine, un truc aussi long que mon appartement ! De quoi embarquer la dizaine de filles, ses commerciales disait-il, qui attireraient le soir à sa table le riche toxico ou le « fils de », sa proie préférée digne de plonger dans sa géhenne.

Il avait levé vers le ciel ses yeux protégés par une paire de lunettes aux verres gigantesques légèrement teintés.

Puis, il m'avait tapoté l'épaule en me serrant contre lui.

La cassette hurlait.

Idiot wind-
Blowing every time you move your mouth –
Blowing down the back roads headin' south –
Idiot wind –
Blowing every time you move your teeth –
You're an idiot, babe.

Il m'embrassa. Deux bises. Joue droite et joue gauche.

Sa sueur me collait au visage. Je sentis son odeur, un mélange de dentifrice et de shampoing de coiffeur. J'eus ce réflexe de m'essuyer la joue avec mon foulard, moi surpris et lui amusé par ma réaction.

« Aujourd'hui est une grande journée pour toi, une bien triste pour moi, man. Tu vas enfin tout savoir, la connaissance absolue, le nirvana et le tout sans cette putain de came qui fusille les encéphales », m'avait-il chuchoté.

J'avais cru qu'il délirait une fois de plus.

D'habitude, il ne touchait pas les gens ni même échangeait une poignée de main. Je ne l'avais jamais vu manger ou boire. Il sniffait sa blanche directement dans le nez. Jamais de paille ou de papier, comme j'avais vu faire les autres drogués. Il n'existait aucune empreinte de lui.

J'étais jeune et me croyais un surhomme parce que j'étais suivi et protégé par la meilleure équipe des opérations spéciales.

Je n'étais même pas l'officier traitant, juste un observateur en doublon qui avait eu de la chance. Le « bleu », celui qui ne connaissait rien du métier mais enregistrait tout et, surtout, vivait avec l'agent le plus intéressant sur le territoire américain.

Paris avait hésité à me retirer de l'opération quand j'avais été alpagué par leur cible. De longues discussions à peser le pour et le contre. Tout perdre si je n'étais pas à la hauteur. Le jackpot si je réussissais à devenir l'homme de confiance du Boss.

Évidemment, le colonel qui traitait l'agent *Boss* était l'opposant le plus virulent à ma nouvelle affectation et, par conséquent, à ma place dans l'organigramme. La mission de sa vie. Et l'occasion rêvée de partir à la retraite avec une récolte de renseignements historiques qu'il raconterait au soir de son existence dans ses mémoires, qu'il imaginait déjà best-sellers.

Mon chef l'appelait le jaloux ou le vieux gris.

Finalement, il aurait dû l'écouter.

Il n'y avait aucun risque pour ma vie, parce que je vivais seulement un scénario parallèle, des vacances sans fin qui devaient se terminer à l'issue d'un été plus chaud que les autres.

Une première expérience de terrain dans un pays ami.

Le Boss déclarait au fisc les revenus de ses deux boîtes de nuit, de ses gains sur les champs de course et les loyers perçus pour un entrepôt des docks surveillé par la DEA.

Le moindre cent était vérifié par les experts du Trésor.

Pas une seule seconde des vidéos de surveillance du bâtiment du port n'échappait à la sagacité de plusieurs policiers ou agents du FBI.

Rien d'anormal. Ses comptables devaient être des magiciens, et ses approvisionnements en drogue relever de la téléportation ! Moi seul prouvais tous les jours qu'il dépensait des sommes hallucinantes en investissements directs dans l'immobilier de la côte.

Sous le soleil de la Californie, à cette heure où le Boss devait être perdu dans ses délires et ses rêves de chanter avec Bobby, il était sobre.

Il avait même dormi.

Il était passé chez le barbier français, qui avait raccourci sa barbe hirsute et lui avait coupé les cheveux.

Il avait dû le réveiller dans la nuit, le tirer de son lit pour qu'il ouvre sa boutique située au rez-de-chaussée.

Bob Dylan à pleine puissance, l'autre avait coupé et taillé en tremblant.

Le Boss ressemblait au Russe qu'il était redevenu, un petit air de Lénine. Rien à voir avec le gourou de la veille et le seul rôle que je lui connaissais.

Je savais qu'il payait le coiffeur et laissait un pourboire de prince saoudien bien qu'il possédât l'endroit, des murs de la boutique aux étages supérieurs, y compris l'appartement du vieux qui ne prendrait jamais sa retraite. Pas tant que le Boss lui demanderait.

« Tu dois t'occuper, Louis, c'est mieux pour ta santé, mieux pour ta femme et tes enfants aussi. Avec moi, pas de racket, pas de pourcentage, mais tu dois travailler pour que l'affaire fonctionne le plus longtemps possible. Si tu tombes malade, je payerai les frais pour te remettre sur pieds au plus vite. Je t'ai choisi aussi pour ton dossier médical. Une vraie force de la nature, qui ne fume que des cigares cubains et ne boit que du bon vin français. »

J'ai tenté, avant qu'il me fasse taire d'un doigt sur la bouche, de plaisanter au sujet de sa chemise militaire recoupée à la mode hippy de l'époque et arborant un grade de sergent des Marines, le sien, cousu en souvenir du Vietnam dans les années 1970.

Le Boss avait été décoré de la Silver Star pour bravoure devant l'ennemi.

« Tu n'étais encore qu'un mioche, man, une puanteur baignant dans sa couche de baptisé, pendant que moi je cramais les enfants qui pleuraient dans leurs trous où la peur du Blanc les avait jetés pour se protéger. Ils n'étaient même pas des combattants. C'est ça la guerre, man. Le reste, c'est pour que les politiques puissent raconter l'histoire avec un grand « H » et se faire réélire par des connards qui croient encore que leur pays est le plus fort et leur démocratie un exemple pour l'humanité. »

Il avait refermé sa chemise jusqu'au dernier bouton, sur un pantalon de smoking et bandes de soie orange sur des bottes mexicaines rouges que je ne lui connaissais pas.

Le cuir épais et neuf grinçait.

Il s'était reculé d'un mètre pour pousser le son d'un geste de l'index, sans même regarder l'appareil, en souriant vers moi.

J'ai remarqué que la voiture des deux flics en uniforme, celle garée un peu plus loin, avait bougé imperceptiblement, de quelques mètres pour quitter l'ombre propice à la sieste. Quelques tours de roues pour ne rien manquer du spectacle d'un homme qui allait mourir.

Ils nous regardaient. Deux visages tournés dans le même angle, comme à la parade, menton tendu à droite.

Je n'ai pas bougé, statufié. J'ai levé les yeux vers le soleil attendant je ne sais quoi, une éclipse ou la fin du monde, l'arrivée des extraterrestres ou une main tendue pour braver la haine et sceller une amitié.

J'ai compris que le canon de l'arme qui sortait de la fenêtre teintée de la Limo de sept mètres de long, était pointé droit sur moi, pas sur le patron du plus important réseau de drogue de la côte.

Deux coups, paf paf, avec silencieux. Deux coups de poing sur ma poitrine, qui me firent ouvrir la bouche pour chercher désespérément un peu d'air.

Des impacts bien nets, si propres que le mouvement du sang d'une artère, qui pulsait au rythme de mon étonnement face à la mort, résonna dans mes tempes. Avec une certaine esthétique, un rythme de contrebasse de jazz, un train qui ralentit… Chet Baker plus fort que la complainte de Bobby. L'énigme du succès, deux poètes d'un autre monde.

La voiture de la SFPD démarra lentement alors que je m'effondrais, d'abord droit sur les fesses, le dos contre le poteau, les jambes allongées… curieuse perspective sur mes baskets trouées.

Ensuite sur le côté, la joue sur le ciment blanc du trottoir, la face orientée vers la voiture.

En passant devant nous, les policiers portaient des lunettes de soleil : ils pourraient témoigner que le caïd ne pouvait se trouver à cet endroit à cette heure de la journée. Une excellente préparation qui excluait l'arrangement de dernière minute, l'improvisation de jazz cacophonique ou l'amateurisme d'une opération militaire fomentée par un mauvais professionnel.

La moitié de la police arrondissait ses fins de mois en rendant quelques « services » au Boss. Ils avaient table ouverte et filles à gogo, jour et nuit. De temps en temps, les Narcos s'énervaient et les bleus désertaient les bars. Pour mieux revenir quelques jours plus tard, quand l'orage était passé, et que le Boss avait tout arrangé une fois de plus, en privé avec le gouverneur, le chef de la police ou le procureur général, dont la dette honteuse d'un fils perdu dans ses rêves d'anarchie était subitement effacée.

Et puis dans mon pauvre cas, il savait qu'il n'y aurait jamais d'enquête de police. Le coordinateur local de la CIA ferait en sorte qu'il n'y ait d'autre témoin que le poteau en acier et ses deux panneaux émaillés qui étincelaient sous le soleil…

Le Boss se glissa à genoux devant moi, fixant mon regard qui s'éteignait. Il aurait pu prier ainsi, mais il chantonna plutôt.

« *Ébouresse, écaleur, éclancheur, égratigneur, embardeur, emparleur, enchaleur, entêteur, épauletier, épinceur, épinglier, éplucheuse, époulardeur, escloupier, entendeur, étoupilleur, étuveur, éventailliste*, et surtout *exacteur*. Tu connais les vieux métiers de ta langue ? Moi j'aime le dernier, l'un de ceux qui permettaient de croire en une exactitude, man. Je t'ai *exacté*, man. »

Il avait chuchoté à mon oreille.

La première partie en français. La deuxième en russe, l'index sur ma carotide, compression calme contre pression qui s'affole.

Il resta suspendu à son décompte, son regard collé au mien.

C'était la première fois que je l'entendais parler français, puis russe. Aucun accent. Les prononciations espagnoles avaient disparu. Il connaissait donc mon dossier, mieux que ceux qui m'avaient envoyé en Californie. J'adorais la langue des Slaves. J'étais passionné par la culture russe.

Puis, il s'était redressé, sans effort, tel un gymnaste.

Il était monté ensuite tranquillement à l'arrière de la voiture, un petit signe du doigt sur le front en un adieu fraternel.

Je crus lire sur ses lèvres « *I love U, man* ».

De l'ouverture qui m'avait visé et touché, la main blanche et fine d'une femme avait jeté l'arme sur le bas-côté. À quelques centimètres de mes yeux qui se refermaient sur la vision des santiags rouges du Boss.

Cuir étincelant, dessins de gravures indiennes naïves et bouts ferrés d'or.

Je n'avais même pas trente ans.

Des silhouettes accoururent pour me sauver, surtout pour me faire disparaître aux yeux de témoins éventuels. Ils avaient été surpris, planqués dans un mauvais angle d'où ils ne voyaient que le Boss et moi, en partie cachés par la longue Cadillac.

Ceux-là mêmes, dont les photographies arrivèrent sur le bureau de l'ambassadeur le lendemain, indiquant que ma couverture et la leur avaient bien fait rire le Boss. Surtout quand il avait appris que je n'étais même pas un officier américain chargé de faire tomber son « honnête travail d'artisan ». Juste un petit Français qui l'avait traité de menteur plusieurs fois dans ses rapports.

« Comment son Excellence peut-elle penser qu'un homme aussi fier aurait pris le risque de faire confiance à votre officier, cet ami qu'il prenait pour son fils et qui le traite de félon dans chacun, ou presque, de ses rapports ? Connaissez-vous un véritable frère qui écrive dans le dernier envoi à sa hiérarchie que "Bob Dylan est l'arme fatale" ?

Je vous en confie quelques copies, que vous voudrez bien classer dans le tiroir de votre bureau. Celui de gauche, juste sous celui du personnel marqué "affaires confidentielles résolues". »

Les mots du Boss étaient la preuve que nous avions un traître chez nous. Les répercussions de cette information bouleversèrent pour longtemps nos relations avec nos alliés. Ainsi que la vie de ceux qui nous avaient livrés. Nous ne connaissions rien alors des répercussions sur la carrière de ceux qui nous protégeaient depuis Paris ou analysaient nos transmissions sur place. Le sabotage était complet. Après le désastre du ménage « des branches pourries » du Rainbow Warrior de Greenpeace, les services de renseignements extérieurs français étaient à terre.

Le grand nettoyage sonna le glas d'une époque. Pendant longtemps, il fut aussi le commencement d'une longue parenthèse au cours de laquelle aucun politique n'aurait misé un sou sur le développement des Services.

J'appris depuis l'hôpital que le réseau du Boss, démantelé en quelques heures, avait aussitôt été remplacé par un gang venu de l'Est. Le matin même du tir, tout avait disparu comme si rien n'avait existé, pas même les bars de danseuses. Fermés et vidés dans la nuit, les meubles abandonnés dans des grands containers qui finiraient par être vendus aux enchères après des mois de loyers impayés.

Le vieux boxeur, celui qui m'avait prévenu du danger de fréquenter de trop près le Boss, avait pris sa retraite en Floride. Interrogé par le FBI, il regrettait son ancien patron qui avait cotisé pour un fonds de pension et veillait au bien-être de ses employés.

Il demanda de mes nouvelles et fut atterré que les enquêteurs lui répondent que j'avais été descendu par ce prévenant chef d'entreprise.

« Il aurait dû m'écouter.

— Pourquoi ?

— On doit croire que le Boss sait tout. C'est pourquoi il nous aime comme nous sommes. S'il vient à apprendre qu'on triche, alors on risque gros. Je lui avais dit.

— Vous pouvez être plus précis ?

— Le Boss l'appelait « le fils ». C'est simple, non ? »

Le monde changeait. Les mafieux n'étaient plus italiens, mais sud-américains, chinois, russes, bulgares ou ukrainiens. Une guerre locale suivit son départ. Beaucoup d'innocents tombèrent sous les fusillades de ceux qui tentaient de reprendre les marchés abandonnés du Boss.

Le Boss n'avait jamais existé, et tous les acronymes qui le traquaient nous en voulurent à mort pendant des années d'avoir saboté leurs opérations. Ils croyaient s'approcher de la vérité, alors que le Boss, en bon prestidigitateur, ne leur avait montré qu'un rideau de fumée.

La pire des récriminations fut celle des Affaires étrangères. Nous reçûmes l'ordre du Premier ministre *via* notre hiérarchie furieuse – contre nous, contre les diplomates ? – de plier bagage et de ne plus jamais remettre les pieds dans le secteur, en espérant que le temps efface nos péchés de barbouzes. Comme si l'eau bénite purifiait la couche d'un nouveau-né !

Même les recherches de nos homologues américains sur mes rapports très détaillés ne donnèrent rien. Les prises de possessions immobilières résultant des échanges d'argent des trafics contre des titres de propriété ne purent être prouvées par les agents du Trésor qui déboulèrent aux adresses que j'avais révélées.

Louis, le coiffeur français était toujours propriétaire de son petit trois-étages. Il continuait à balayer son salon à 6 heures du matin puis patientait, assis dans un de ses fauteuils, que débarque le premier client auquel il offrirait un vrai expresso.

Quand la police avait débarqué, il devait être en marcel et bretelles bleu-blanc-rouge occupé à couper les cheveux à des Cubains. Ils étaient toujours là, debout, en ligne, attendant leur tour.

Les clandestins avaient dû éprouver la peur de leur vie, persuadés que les uniformes venaient pour eux. Ils avaient été chassés, et Louis avait pleuré en réalisant qu'il venait de perdre la moitié de sa clientèle.

Il déclarerait aux autorités, sur la tête de son petit-fils Napoléon, qu'il n'avait jamais reçu de paiement en échange de son commerce. La perquisition ne donnerait rien non plus. Tout le monde le comprit quand il montra son titre de propriété, inchangé depuis 1949. Il n'était même pas français. C'était un ancien acteur juif polonais qui avait trouvé plus vendeuse une nationalité autre que celle que lui avait offerte son séjour dans les camps nazis.

Il était trop tôt pour que la science révèle une quelconque trace d'empreinte génétique sur moi. Je gardais pourtant mon costume, ma chemise et ce foulard « à la Bobby » qu'il m'avait offert. Le tout fut minutieusement rangé dans un sac en plastique scellé sous vide par l'équipe scientifique du FBI, dont tous les membres ou presque avaient été mutés.

J'avais obtenu de tout conserver. Finalement, cela leur convenait que je les délivre d'un dossier qui avait abouti à un bide retentissant, après deux années de travail de plusieurs agences fédérales.

Pourtant, je savais que la sueur du Boss y était déposée. Et sa salive avait souillé le tissu qui avait essuyé mes joues. Et si mes épaules avaient conservé les empreintes de ses mains ? Il faisait si chaud sous le soleil de midi entre Haight et Ashbury, que je sentais la transpiration dégouliner sous ma chemise pendant que nous nous donnions l'accolade.

Je ne savais pas encore que je tuerais et me parjurerais devant le président de la République. J'ignorais alors que la meilleure des défenses de la démocratie contre nos ennemis était la tromperie des masses.

Mais je vais trop vite…

Je vais vous conter cette histoire écrite sur mon petit carnet. Mon seul témoin, à l'exception d'un ancien directeur général de la DGSE.

Non parce que je dois ma survie à la chance. La balle a été déviée par l'une de mes côtes, et la rapidité d'action de mon équipe de protection m'a sauvé en me conduisant en quelques minutes dans la salle des urgences de l'hôpital militaire situé à quelques centaines de mètres du carrefour mythique.

J'admirais le Boss, son intelligence, sa connaissance du facteur humain, son rôle d'acteur jouant le cocaïnomane alors qu'il était avant tout un officier du KGB. Un illégal, et une icône du savoir-faire de la Russie soviétique organisant l'entrisme comme stratégie à long terme. Peut-être aussi parce qu'il était aux antipodes des modèles et des systèmes de pensée dans lesquels j'évoluais. Ma formation à l'école des officiers de renseignement français m'incitant plutôt à me méfier.

Il se faisait appeler le Boss et il m'avait rebaptisé « fils », qu'il utilisait à tout bout de champ, sauf en ma présence.

Je l'avais trahi, croyait-il. Mais lui n'était pas le drogué qui m'entraînait dans le monde fou du San Francisco de la révolution culturelle et sociale issue de la guerre du Vietnam.

Mon maître avait décidé de diriger le monde. Avec ou sans son pays, la Russie.

Il était patient.

Il était assez riche pour retourner dans sa patrie et poursuivre sa carrière d'officier supérieur. Il supporterait de vivre sa vie durant dans un petit logement collectif d'un immeuble affecté au KGB. Il serait, là aussi, un illégal de formation.

Il gérerait, dans le secret et la persévérance, ses affaires occidentales. Il avait été un excellent espion du service K. Il se ferait oublier dans d'autres, plus politiques, sachant que son intelligence et son sens de l'organisation le feraient remarquer par une hiérarchie à bout de souffle. Ruinée, l'URSS ne tarderait pas à imploser et à être démantelée, et à implorer l'aide des riches Occidentaux. L'Ouest ne bougerait pas, la regarderait sombrer dans la famine, la misère et le ressentiment, provoquant cette répétition de l'histoire des peuples, selon laquelle les haines et le désir de revanche conduisent immanquablement à la guerre.

Il ne croyait déjà plus au mythe du Grand Soir. Il savait que la Russie reviendrait.

Il était déjà prêt, et moi je n'avais été qu'un pantin entre ses mains.

Seulement, il m'aimait un peu plus que tous ceux qui avaient travaillé pour lui. Un sentiment paternel qui transparaissait dans cette petite larme qu'il avait laissé se former, bien visible, juste le temps de remonter ses lunettes de soleil, puis de la chasser d'un geste sec avec mon foulard.

J'y avais longtemps songé, parce que le Boss ne laissait jamais rien au hasard, pas le moindre détail.

C'est ce que je découvris trente ans plus tard quand il frappa à la porte de mon appartement de la rue de Châteaudun à Paris.

Une fin d'après-midi. J'étais seul.

Je lisais, fenêtres ouvertes sur la cour qui me protégeait des bruits de la ville.

J'ouvris, un peu agacé d'être dérangé. Cela faisait plusieurs vies que je ne l'avais pas dévisagé ainsi.

Il glissa devant moi pour se diriger, comme s'il était déjà venu, vers un meuble du salon. Il alluma ma chaîne stéréo.

Il arborait son sourire d'antan et, dans un tour de main digne d'un magicien, fit apparaître un disque. Il l'inséra et le suivit des yeux pendant qu'il se faisait avaler doucement.

Je m'attendais à cette musique, qu'il chercha en avançant sur les pistes du CD.

I woke up on the roadside
Daydreamin' 'bout the way things sometimes are
Visions of your chestnut mare
Shoot through my head and are makin' me see stars
You hurt the ones that I love best
And cover up the truth with lies
One day you'll be in the ditch
Flies buzzin' around your eyes
Blood on your saddle

« T'es quand même un sacré veinard, man. Toujours aussi jeune et pas une trace de tes blessures quand tu cours au parc pour suer comme un Mexicain qui décide de se lever pour travailler. Alors, heureux de revoir ton Boss, fils ? »

CHAPITRE 2

Un pas efface l'autre

J'ai mis très longtemps à comprendre que le recrutement d'un agent était une fausse conversion. Il faut garder en tête que la vérité factice que vous offre votre corrupteur excuse et permet la perversion sublime, l'illumination de l'offrande totale de la traîtrise. Celle qui ne distingue plus le bien et le mal, d'autant fragile que les vérités se croisent toujours. Leur faiblesse leur permet de convertir bien et mal en une seule vision, à leurs yeux celle du bien qui exclue à terme la notion de camp. C'est cette « conversion du traître » qui perdra le parjure en général, et le perdra à son tour.

Par exemple, Ames, l'apostat de la CIA, a cultivé ses rancœurs et ses jalousies pendant trente ans. D'abord par paresse intellectuelle, puis quand il a élaboré une doctrine justifiant sa médiocrité. Ames s'est ainsi persuadé que livrer des hommes faisait de lui un acteur important de l'Histoire.

Lors de son procès, il déclara qu'il était communiste depuis toujours – ce que personne ne crut –, qu'il avait aidé à sauver le monde de la pourriture américaine. Ce à quoi le procureur répondit que le communiste en question était très dépensier et bien peu partageur… Le médiocre désirait toujours plus d'argent, des centaines de milliers de dollars, bien loin du fantasme de l'idéal héroïque.

Trois décennies plus tard, j'étais donc la cible d'un recrutement par le meilleur d'entre nous. Le Boss continuait à agir après une longue carrière de maître espion. Il avait commandé des dizaines d'illégaux, retourné autant de fonctionnaires, militaires, et hommes de pouvoir.

J'avais été prévenu : il prendrait le temps de m'offrir la totalité des techniques qu'il avait apprises et, plus souvent, élaborées lui-même. Il devait s'assurer que je me questionnerais jusqu'à l'illumination, l'évidence, l'acceptation du contrat de traîtrise.

Seulement, je ne savais encore rien de sa proposition dans un monde où la guerre froide était un jeu complexe d'alliés-ennemis.

Je ne croyais pas en sa résurrection.

J'ouvrais ma porte en pensant qu'il arrivait enfin, cet acte nécessaire à l'accélération de l'adrénaline et au sentiment que le sprint était lancé. Sans mon entraînement, je lui aurais sans doute refermé la porte au nez en riant pour qu'il passe son chemin. « Parce que nous sommes trop vieux pour le grand jeu. »

Je n'avais jamais réalisé à quel point le Boss était petit.

J'avais officiellement quitté la DGSE depuis cinq ans pour entamer une carrière de consultant en écologie maritime.

Riez. Je sais. Mais vous conviendrez qu'utiliser mes brevets de plongeur professionnel pour voyager aux frais d'inconnus ou de sociétés de prospection voulant s'offrir un label vert d'ONG, sans posséder aucune connaissance du milieu sur lequel voguaient leurs yachts de luxe, était pour moi le secret des vacances éternelles.

Une belle légende.

J'avais aussi enseigné l'abordage des navires japonais de pêche à la baleine aux commandos de la *Sea Shepherd*. Les accidents humains et matériels avaient été divisés par deux après mon passage. Rien de plus efficace qu'une formation aux effets retardateurs d'un sabotage léger sur un navire-usine. Bien plus pédagogique que toute autre action, de surcroît dangereuse. Bien plus que l'accident humain. Le temps perdu pour l'industrie est l'ennemi du financier.

J'ai tenté de me décrire dans ce carnet enfin publié, dix ans après cette aventure.

Disons que je suis de taille moyenne, je cours suffisamment pour éviter de m'épaissir trop, mais pas assez pour paraître sportif. J'ai quitté les salles de sport et le club de boxe pour les cigares et la lecture.

Derrière des lunettes fines, mes yeux sont assortis à la couleur de ma barbe châtain, taillée courte à la mode parisienne, ne laissant filtrer qu'une partie de mon vrai visage. En costume gris, on me confond avec l'assureur du rez-de-chaussée portant des jeans. La petite vieille, qui occupe l'ancienne loge de gardien, m'a appris que j'étais le sosie de son banquier. Voilà qui élimine toute confusion possible avec un artiste adulé, présent ou passé.

Depuis deux ans, le début de notre opération, je vis seul. Une jauge monastique qui ne me pèse pas, parce que nous savons que je suis le sujet d'enquêtes menées par la Russie. Une cible.

J'assiste avec assiduité aux réunions du club de lecture du neuvième arrondissement de Paris où l'on me connaît comme retraité de la fonction publique : « Vous étiez diplomate ? » auquel je réponds : « Pas l'étoffe ni les diplômes d'un ambassadeur, juste celui de servir, madame. Un simple fonctionnaire, en quelque sorte. »

Cette fonction rassure, autant qu'elle déçoit quand elle reste vague. Il suffit d'apporter un brin d'exotisme ou de secret pour qu'elle devienne la légende d'un héros de roman. Je me souviens qu'un neveu m'avait raconté sa détresse au moment de noter, sur le bristol de la rentrée des classes, le métier de son père cadre technique, face à tous ces fils de diplomates et d'hommes connus qui peuplaient sa classe de bourgeois parisiens.

Je lui avais alors conseillé d'écrire « ministère de la Défense » sans plus de détail. Devant la classe, l'instituteur lui avait demandé la fonction de son père, mais je l'avais préparé à rétorquer : « Désolé, ministère de la Défense suffira, monsieur. »

Il avait aussitôt été adoubé dans le clan des « fils de ».

Au club des lectrices, j'ai pour spécialité les ouvrages de géographie. Je choisis systématiquement les plus ennuyeux.

Mes fiches synthétiques ne trouvent pas d'amateurs, mais je gagne quelques applaudissements quand je les travaille courtes et sans humour. Du temps gagné vers la récompense : le café final, propice à la véritable fonction du groupe, disperser la rumeur dans au moins trois arrondissements de Paris…

J'ai entendu un murmure me qualifiant de raseur dès ma troisième prise de parole. Ma première décoration en mission, en quelque sorte.

Le sentiment général fut rapidement contrecarré par la lecture de mon court curriculum vitae. Rituel obligatoire pour être accepté au sein de l'illustre assemblée. Je ne cachais pas en effet que j'étais divorcé.

Je l'ai mentionné dans la note de l'association très renseignée, digne d'un club de rencontres. J'y ai inscrit mes goûts, mes hobbies ou mes horaires de détente. Ne manquaient plus que mon poids, ma taille et mes préférences sexuelles. Il n'était pas nécessaire de les y ajouter, car je fus jugé, pesé, sans pouvoir l'empêcher, par les sept dames qui me déshabillèrent du regard à la première réunion, ainsi que les suivantes.

Les femmes du club me draguent un peu, mais la nécessité d'envisager une protection rapprochée contre de potentiels maris riches et jaloux m'obligeait au refus poli.

Mon chef à la DGSE, le général Carignac, m'a averti que les fossés de Vincennes sont définitivement hors d'atteinte, et surtout hors budget pour les enterrements discrets.

Quand le Boss était entré chez moi et avait poussé le volume de ma chaîne sur une musique que je n'avais pas écoutée depuis si longtemps, je n'étais plus qu'un civil vivant de courtes missions commerciales et de son traitement d'officier à la retraite. Une vie modeste. Tout au moins pas de quoi vivre richement à Paris.

Quand je l'avais rencontré la dernière fois, il était un illégal russe du KGB installé depuis l'âge de vingt ans aux États-Unis qui entamait son exfiltration.

À cette époque, je ne remarquais que ses yeux bleus, son regard vague de drogué retrouvant des éclairs de lucidité au moment de négocier ou de diriger ses hommes. Pas un seul d'entre eux n'aurait osé désobéir devant son expression à la fois concentrée et détachée.

C'était bien lui qui se tenait là, dans mon appartement. Il revint vers moi pour me taper dans le dos, puis laissa rapidement courir sa main le long de mon corps en quête d'une arme. Il avait gardé ses vieux réflexes.

« Tu as vu ? Bob a reçu le Nobel ? Pas celui qu'on donne pour faire plaisir à la population comme celui de la Paix offert à un ancien terroriste. Ou à un Ricain qui n'avait encore rien fait et qui ne laissera rien d'autre que de belles photographies d'une famille parfaite aux dents blanches. Non, fils ! Le plus grand, le Nobel de Littérature, celui de Kipling, Thomas Mann ou Albert Camus ! Eh bien, tu vois, je ne serais pas de la partie que je penserais qu'un Service a manipulé les juges pour moi, juste pour persuader le monde que je l'avais dit. Pas l'Amérique, man, le monde entier. »

Je me souvenais de la dernière phrase, bien sûr. Le reflet des flèches du panneau indicateur dans une tache de sang sous le soleil de midi à San Francisco. Hier.

« Tu l'avais prévu, Boss. »

Le nom m'avait échappé. Je sentis la rougeur revenir à mes joues, comme si j'étais encore le jeune officier impressionné par le roi de la pègre.

Il me donna un petit coup de poing sur l'épaule.

« C'est sûr, je l'avais prédit. Un pressentiment de mage. Ça m'arrive, comme le sens du réseau humain, comme de flairer la contagion du mal et l'infection du bien. Nous étions si jeunes, colonel. C'est amusant de t'appeler par ton grade. Le même que le mien ! Dieu n'a pas prévu que tu rattrapes aussi mon âge ! Une autre preuve de Sa déchéance : la science le permet pourtant, mais je ne vais pas gâcher nos retrouvailles pour te raser avec le chat de Schrödinger. C'était hier. Tu n'étais pour moi, avant que Moscou me transmette ton dossier, qu'un jeune musicos plein de talent. J'aurais dû me méfier de ton air de scout. Les cheveux les plus sales que j'ai jamais vus, mais le gars toujours propret. Le seul qui ne touchait pas à la came. J'aurais dû y déceler le maquillage, l'habit de scène du novice qui veut jouer au professionnel. Mais non, pour la seule fois de ma carrière je me suis fait berner par une gueule de jeunot naïf et concentré à bien faire. Tu n'as pas changé. Tu sais que ton infiltration a foutu le bordel jusqu'à Moscou ? »

Il me jaugea, puis soupira.

« Non… tu n'en as aucune idée. J'étais l'illégal le plus productif ! J'avais même une pension de vétéran du Vietnam – je la touche encore et j'y tiens. Pour une fois que l'Histoire n'est pas créée par les techniciens du SVR. Et voilà qu'un naïf petit Français arrive et parvient à se faire passer pour un musicien en quête de protection paternelle et vlan. Le Boss doit tout abandonner pour retourner dans la mère patrie, interdit de séjour aux States – ordre de la hiérarchie – pendant trente ans. Mon traitant français de ton SDECE était un nullard, mais toi tu connaissais tous mes secrets. Tu aurais fini par comprendre que mes affaires ne regardaient pas Moscou et tu aurais fini par être tenté de gratter un peu de ma richesse. Ou – j'en aurais pleuré, fils – de me faire chanter. La poisse pour mes projets d'avenir. Nous avions des gens chez vous qui auraient fini par cafter à leur traitant du KGB ou du GRU. Si ton intuition t'amenait à tout raconter à tes chefs, j'étais un homme mort. »

Il avait coupé en brosse sa chevelure autrefois hirsute et teinte au henné. Il avait rasé sa barbe de hippie qu'il décorait alors de fleurs séchées et de rubans de couleur. Mais il affichait le même sourire calme.

Fluet, rapide, un costume foncé de bonne coupe lui permettait de se fondre dans la foule de mon quartier, celui des affaires du neuvième arrondissement.

Il avait soixante et onze ans, évaluais-je, après un rapide calcul. Vingt-deux ans quand il avait quitté le Vietnam.

Il étendit ses jambes devant lui.

Les mêmes bottes mexicaines rouges apparurent, patinées, marquées par le temps. L'une des dernières images saisies par un homme qui attendait la mort sur le béton brûlé par le soleil de Californie.

« Tu les kiffes, non ? Je les ai achetées avant de quitter le pays, chez *Lucchese* à El Paso. Je me souviens même de l'adresse de la firme. J'étais invité. Un sbire armé de colts aussi longs que mon bras m'avait quasi salué au garde-à-vous à la portière de la limousine. Le président exécutif m'attendait en haut de l'escalier au premier étage avec ses deux avocats, et mes bottes en cadeau. Il poussait la boîte tendue devant lui, entourée par un gros nœud rouge. Je me tenais deux marches en contrebas, tu vois la scène ? Le carton au niveau du nez, le type bafouillait «son honneur, sa fierté» : 20 Zane Greye, entre Fort Blis et l'aéroport militaire de Biggs. Bottiers depuis 1883. Une famille sicilienne arrivée sans le sou, mais des cousins puissants. Ils étaient ma principale référence dans le métier. Le mien bien sûr, pas les *boots*. C'est fou ce qu'on garde de superflu dans son crâne. Par exemple, j'ai mémorisé son numéro privé. Tu te rends compte du gâchis de place mémoire dans mon ordinateur de cerveau ? Et je ne peux pas ajouter d'espace supplémentaire. Peut-être parce qu'une part de moi-même est persuadée qu'un jour, si un bourreau découpait mes bottes pour me faire parler, je pourrais passer un appel en PCV depuis Tokyo au fils ou au petit-fils pour qu'il me les change à l'identique. Ces gens-là n'oublient jamais une rencontre avec le Boss. Ce n'est pas comme toi… je me trompe ? »

Il regardait le bar avec un grand sourire.

« Tu m'offres le verre de la réconciliation, man ?

— Je ne sais pas si je suis ravi de te revoir Boss, ou quel que soit ton pseudo actuel. Mais j'avoue y avoir beaucoup songé. Je n'ai pas que de mauvais souvenirs avec toi. Je ne dois pas avoir une goutte de sang sicilien dans mes veines. Le temps efface tout le mauvais, les rancœurs et les haines. C'est un réflexe de survie de notre cerveau, mais tu sais ça.

— Ton rhum vieux me semble intéressant. »

Il pointait de l'index ma meilleure bouteille. Je me levai pour le servir et m'installai tout près de lui.

Il était légèrement maquillé, du fond de teint lui éclaircissait la peau, des lentilles cachaient la couleur de ses yeux et un pinceau léger avait renforcé ses sourcils.

Des changements suffisants pour tromper la réalité, et changer d'allure en quelques secondes lors d'une filature.

Il devait cacher un postiche ou un bonnet ainsi qu'une paire de lunettes dans les poches de son veston, forcément réversible. Restaient les bottes mexicaines. Il suivit mon regard, mais je le précédais.

« C'est pour me faire l'honneur de ta visite surprise que tu risques de foirer une poursuite en portant tes santiags fétiches ?

— Tu vois, c'est ce que j'aime en toi : l'éclatante naïveté de ta franchise. Tu sais que je n'abandonnerai jamais mes pompes. Même en cas d'urgence. Plutôt me jeter dans la Seine à poil que de laisser mes préférées dans une poubelle au bonheur d'un inconnu qui ne saura même pas reconnaître une paire de *Luch*. Un signe pour que tu m'ouvres à nouveau ton cœur. »

Il me tapota le genou, se leva et partit visiter les pièces de l'appartement. Il sifflotait en suivant la musique. Dylan chuchotait et grinçait. J'aurais pu répéter les paroles même après toutes ces années.

People see me all the time
And they just can't remember how to act
Their minds are filled with big ideas
Images and distorted facts
Even you, yesterday

Il revint et goûta du bout des lèvres mon rhum vieux, un hors d'âge.

« Tu as un petit logement pour un homme de ta condition. Retraité et plongeur professionnel, ça gagne mieux qu'un chef d'état-major en Russie.

— J'en suis propriétaire, j'aime cet endroit. À deux pas de Drouot, trois de la Butte, et puis rue des Martyrs tu trouveras les meilleures brioches au monde. Mais tu dois en être informé, non ? Si tu es ici, c'est que j'ai une équipe qui me colle aux basques depuis quelques jours ?

— Quelques mois, colonel. Nous ne travaillons pas par format budget, mais par mission. Nous ne laissons aucun détail nous échapper. C'est Gazprom qui paye nos retraites maintenant, plus le déficit caché d'une administration servie par des profiteurs et des imbéciles. Vous ne vous êtes jamais rendu compte que presque tous les espions envoyés chez vous dans les ambassades n'y étaient que pour la prévarication et la préparation de leur retraite en dollars reçus contre de fausses notes de frais ou de rémunérations de leurs contacts imaginaires. Mais trêve de nostalgie du passé. Te souviens-tu que tu m'as roulé une première fois ? Alors, j'ai pris mon temps, j'ai demandé de l'aide à quelques-uns de mes vieux traités de ta boîte pour qu'ils te suivent et me fassent signe dès tu aurais pris de la distance avec ton métier. Cinq ans, c'est bien. Le temps du deuil. Les regrets sont passés, tes contacts sont morts, tu es dans une nouvelle dynamique. Tu as accepté quelques verres avec mes taupes, qui m'ont averti que tu avais tourné la page. Plus de soirée au Cercle des armées, plus de garde-à-vous aux Invalides, pas d'affiliation aux sectes des anciens. Même ton uniforme a quitté ta penderie pour sentir la naphtaline dans une cantine oubliée. Puis, le SVR a fait son travail, histoire de vérifier et d'inspecter tous les détails. Tes comptes ont été scrutés : c'est fou ce que le détail de vos soldes et primes peut révéler ! J'ai un type, chez nous, qui peut te dire où un officier est parti en formation ou en mission, grâce à la lecture de son virement. Toi, c'est le calme de l'attente de l'Ehpad. Tes proches, enfin les gens que tu côtoies – parce que tu es du genre ours en hibernation – ont été suivis eux aussi, pour vérifier qu'ils ne te servaient pas de boîtes aux lettres. Tes deux dernières petites amies ont eu leur vie décortiquée aussi finement qu'une planche de dissection de Léonard de Vinci. Juste pour me rassurer qu'elles n'étaient pas un traitant déguisé. La brune qui t'aimait trop, la rousse hypersexuée qui t'épuisait et gênait tes voisins. J'admire ton élégance à les quitter. Ça t'aurait plu de fonctionner comme nous, en prenant ton temps, en laissant les faits prendre leur place dans le puzzle du grand jeu. J'aurais facilement pu te recruter à l'époque, mais le moment ne s'est pas présenté. Trop tôt arrivé à la conclusion que tu étais un danger qu'il fallait éliminer. Un élément imprévu. J'ai fait ce que l'Histoire me commandait, quoi qu'il m'en ait coûté. »

Je me surpris à comprendre que je ne le haïssais pas. Il avait été mon ennemi dans une bataille qu'il avait gagnée. Je lui vouais presque une certaine jalousie d'avoir moi-même manqué de virtuosité pour échafauder une opération aussi complexe dans le temps que la sienne.

Il s'assit dans un autre fauteuil face à la fenêtre, à mes côtés. Nous étions redevenus les proches du passé, avec nos secrets et nos projets séparés. Je n'avais plus peur de lui.

Il se lança dans une nouvelle tirade :

« J'avoue que nous avons été lourdauds sur le coup. J'étais traité par un officier du SDCECE à qui je refourguais du bon, mais aussi du pourri sur les réseaux d'illégaux aux États-Unis et en Europe. C'était l'époque du grand nettoyage. Nous devions faire le ménage dans les doctrinaires infiltrés chez nos ennemis en tant qu'illégaux. Ils se sentaient de plus en plus en phase avec la révolution prolétarienne de leurs hôtes, fricotaient avec les groupuscules anarchistes ou nihilistes, pire, en Amérique avec Cuba. Certains allaient basculer dans la lutte armée, alors que nous voulions le pourrissement affaiblissant plutôt qu'une révolution dans laquelle les Ricains seraient intervenus avec des moyens que nous n'avions pas, que nous n'avons toujours pas et que nous n'aurons jamais. Nous sommes pauvres, même quand nous croyions être une superpuissance. Le contre-espionnage était la marotte d'Andropov le paranoïaque. Nous étions tournés vers la recherche des traîtres chez nous au lieu de chercher la vérité de nos faiblesses en comparant nos systèmes. Nos rapports ne devaient jamais contredire les croyances de Moscou qui fantasmait sur un monde occidental moins efficace que nos administrations. Je devais donc me préparer un avenir secret.

— Et ce même SDECE te met entre les pattes un jeune musicien qui devient le témoin de tous tes instants. Je n'avais aucun doute, je savais que tu m'engagerais quand tu es entré dans ce café-concert. Je jouais cette musique que nous écoutons aujourd'hui. »

Il ferma les yeux, un sourire éclairant ses traits.

« Fils ! C'est pourquoi j'ai refusé d'obéir à l'ordre de la place Dzerjinski de t'enlever pour te faire parler à Moscou. Nous avions des drogues efficaces.

— J'en suis certain. Mais, avec tes hommes de main, il était plus logique de me tirer une balle dans le cœur.

— Avec un passeport parfait et une valise de billets, tu aurais refait ta vie ? »

Je ris, je n'avais aucun doute à ce sujet.

« Aucune chance.

— Tu vois. Dans nos missions, il n'y a pas toujours d'alternative. Marx avait raison sur un seul point : la dialectique de l'Histoire. Un pas efface l'autre. »

Il regarda son verre et le posa sur la table basse, juste à côté d'un lourd cendrier de cristal dans lequel était gravé l'insigne des nageurs de combat.

« Tu es à la retraite. Tu te présentes en politique. Pourquoi acceptes-tu de compromettre ton honneur pour servir des manipulateurs, des profiteurs et des prévaricateurs, toi, le serviteur de l'État si décoré ?

— Nous y voilà... »

Soudain, je remarquais que nous étions passés du français à l'américain, comme avant. Lui avec son accent imité des Mexicains. Moi, forçant celui de l'étudiant français en vacances d'études.

Il avait raison sur cet autre point.

Mon ego avait succombé à l'appel d'un ancien ministre que j'avais servi comme chef du cabinet militaire, avant de prendre ma retraite. Détachés de la DGSE, nous avions travaillé jour et nuit pendant cinq ans sur les dossiers les plus stratégiques de la Nation. Nous étions restés proches, nous retrouvant souvent pour des soirées à refaire le monde autour d'un cigare et d'une bouteille de whisky. Quand il s'était résolu à créer son parti, j'avais accepté de le rejoindre. Nos décisions étaient secrètes. Seuls quelques fidèles étaient informés du timing. N'avait filtré que l'envie d'un groupe impatient de se lancer à la conquête du pouvoir en bousculant les grands partis. Nous n'avions aucune chance, mais nous voulions profiter de leur affaiblissement pour provoquer un hold-up et réformer notre pays.

« Nous y voilà, en effet. Mais avant, je vais te raconter une histoire, la mienne. Il te faut un passé pour comprendre les gens. Tu as toujours fonctionné comme cela. Ton truc, c'est la génétique culturelle, l'homme confronté à une vie. Ce n'est pas le Boss qui te rend visite aujourd'hui, ça, c'est la légende. C'est un homme qui a besoin d'un ami. Mais prends aussi un verre et pose la bouteille à côté de toi. Nous devons faire jeu égal, colonel. Même dans l'ivresse. Tu vas être le premier, le seul homme au monde à connaître mon passé. T'inquiète, même mon nom de naissance ne sera pas caché. J'ai besoin de toi, fils, alors j'offre un prix démesuré pour obtenir ton accord. »

Il savait qu'aucun microphone ne témoignerait de sa confession, parce qu'il aurait été inutile de tenter de dissimuler à la détection électronique du SVR un appareillage d'écoute.

Et puis, me disais-je avec cette impatience devant un beau conteur de légendes, il me faisait le cadeau de la vérité. Je ne pouvais refuser de l'entendre.

Il sortait le grand jeu pour me faire tomber dans ses filets. Je n'avais encore rien vu de sa puissance d'action.

CHAPITRE 3

Été 1954, Carélie. Vyborg.

Deuxième acte de la conversion. Il devait m'offrir son âme pour que je découvre la vérité et rejette mes convictions passées et présentes. « La démarche sectaire de l'entrisme russe », m'avait appris mon chef, celui qui deviendrait plus tard le patron de la DGSE.

Le Boss m'offrait une vérité qui me ferait l'aimer. Non pas comme un ami, mais comme le confident qui lui fera comprendre le monde. Du grand art.

Il soupira avant de commencer son récit.

« J'allais entrer dans ma neuvième année. Un temps de connaissance soudaine du monde des adultes, une prise de conscience écrasante de ta finitude et de tes rêves. Par où commencer autrement que par la fuite de mon lieu de naissance, l'endroit le plus sûr avant cette histoire, la maison du bonheur ? Je fuyais l'abomination, l'enfer sur terre résumé par l'acte des humains, ces mécaniques sans logique envoyées détruire sans jamais rien reconstruire.

« J'avais dévalé l'avenue Lénine en un sprint puissant, l'esprit lié à mes jambes et à mon souffle, comme le professeur de gymnastique me l'avait enseigné. J'étais le premier dans la discipline. Je surpassais les garçons les plus rapides des grandes classes, le genre d'anomalie qui ne te fait pas que des amis, mais des rancœurs, des jalousies qui te coûteront claques et humiliations dans un coin de vestiaire. J'étais aussi fluet que maintenant par rapport aux autres, mais j'étais vif, souple à fuir entre deux jambes, entre deux cuisses aussi grosses que mon torse. J'ai appris plus tard, à l'école du KGB, que j'avais un cœur gros comme une citrouille et plus puissant que celui du plus costaud de l'académie militaire. En plus, mon palpitant travaille au ralenti, quels que soient les stress qui le provoquent. J'ai toujours eu l'avantage de mon endurance et cette capacité de récupération qui faisait de moi le meilleur des athlètes. Personne ne pouvait me rattraper, même après le doigt d'honneur que je brandissais fièrement. »

Il n'était plus le Boss.

Il était l'enfant qui cavalait, le regard exalté, le corps au bord d'exploser.

Il souffla en regardant son verre déjà vide, ferma les yeux, puis me fixa.

« Quel souvenir exaltant et effrayant à la fois ! Je pourrais te décrire quelques échappées mémorables face à ces brutes, comme si j'y étais, avec les odeurs et le sang dans mes tempes. Boum-boum à lâcher ce léger voile rouge devant mes yeux en même temps que ce goût de sang dans ma bouche. Un puissant flux pour survivre. Une marée d'adrénaline pour sauver sa peau alors que j'aurais dû tout abandonner et tomber à genoux pour rejoindre mes parents étendus devant leur bourreau. Ensuite, après le bâtiment de l'école, je passai l'étroite route menant à la presqu'île sur laquelle était posé le château de Vyborg. Ses murs gris de granit et son toit rouge sur un donjon peint en blanc, si mauresque depuis qu'il servait de phare et avait été repeint pour être vu de loin. Avant le stalinisme, les garçons se battaient devant, mimant d'épiques combats, quand il nous était encore permis d'évoquer notre ascendance teutonique. Tu penses bien que je n'étais pas dans le trip de la visite touristique. Je n'avais jamais été aussi concentré sur une course. Tu peux fermer la fenêtre et baisser la musique, je pense que tu n'es pas écouté maintenant. Mes hommes ont fait le nécessaire pour brouiller les ondes autour de nous. Tes voisins vont râler auprès de leurs opérateurs télécoms. Pas de série TV ce soir ni de réseau Internet. Et puis, il fait un peu frais, non ? »

J'obéissais.

J'avais envie de découvrir la suite. Je poussais les fenêtres pour vérifier que personne ne nous espionnait. Les bureaux d'études qui me faisaient face étaient tous plongés dans un silence nocturne. Pas même une ombre ne nous dérangeait.

Il laissa son verre et pressa la bouteille contre sa poitrine. Il avala une gorgée, m'invitant à l'imiter.

Je suivis, sans hésitation.

« Je connaissais le gardien des pierres du phare, un bûcheron qui avait perdu une main d'un coup de hache de son compagnon de travail toujours saoul comme un Polonais.

La municipalité lui avait trouvé un emploi où il avait montré à tous, surpris, sa maîtrise des langues étrangères et de l'histoire de la Carélie. Les vies d'avant la guerre étaient déjà oubliées, cachées dans des livres qui passaient de main en main, à l'insu du commissaire politique. Le vieil homme avait été prêtre avant de couper des arbres. Surtout pas orthodoxe, mais luthérien, comme presque toute la population de notre région. Tu connais sans aucun doute cette histoire. Tu as fait ensuite ta carrière en Union soviétique et personne n'a raconté votre échec aux États-Unis. Je t'ai suivi quand j'en avais la possibilité. Tu fus le meilleur d'entre eux et mon service n'a jamais réussi à te coincer une deuxième fois. Je me trompe ? »

Je me servis un verre et acquiesçai en silence, lui signifiant de continuer son étrange confession. Il poursuivit le récit de sa fuite épique.

« Je pris à angle droit la rue du Komsomol glorieux, bondis sur le mur du parc du 10 Novembre pour l'enjamber et me jeter de l'autre côté. Je m'assis alors, épuisé, le dos contre les pierres qu'on disait millénaires. J'avais promis de fuir. À qui ? Personne ne m'avait entendu. Pourtant, ma promesse était irrévocable. Je savais que si l'on m'attrapait, je serais jeté dans les camions comme les autres. Je ne pouvais laisser la première épreuve de ma vie gâchée par mon manque d'endurance. Je ralentis mon souffle en gonflant ma poitrine. J'avais bien observé comment les grands respiraient pour plonger et pêcher les crabes dans le port. Les cris des Russes se rapprochaient. Les bruits des bottes ferrées sur les pavés résonnaient dans toute la ville. C'est vraiment une connerie de pauvre, cette fichue manie de foutre de la ferraille sous les semelles des bottes de soldats. Ils se massacrent les chevilles à glisser sur la glace l'hiver, et s'embourbent dans la boue l'été. Et puis ce bruit d'enfer qui les fait repérer à des centaines de mètres ! »

J'entendais son histoire comme si j'y étais. Les fers claquaient comme des cloches fêlées annonçant une fête païenne à la gloire du tsar rouge. Ils n'avaient pas de chiens, c'était sa chance. Les équipes cynophiles étaient déployées sur la frontière, jamais dans les terres. Souvent, les chiens étaient mangés l'hiver, quand Moscou oubliait de ravitailler les sections du MVD. Être sergent de cette spécialité était l'assurance d'une prime au froid.

Il ferma les yeux.

Mon imagination travaillait à prévenir ses prochains mots.

Les soldats devaient courir dans tous les sens, comme *des porcs tombés dans une barrique de vodka*, aurait dit son père. Ils étaient saouls pour la plupart, volant tout l'alcool disponible à boire sur le coup, avant l'arrivée de l'officier politique chargé d'archiver les moindres gestes. Ils avaient l'ordre de rafler tous et toutes, même les nouveau-nés. Dans une démarche biblique, le successeur d'un autre ancien séminariste, le Petit père des peuples – le Dieu Staline – avait ordonné de vider l'oblast de tous ses habitants non russes pour les remplacer par des habitants d'autres provinces, les plus éloignées possible.

« Même mon père n'avait pu s'échapper. Il était pourtant respecté jusqu'à Leningrad en tant que vétéran de la lutte contre l'armée allemande. Il avait été décoré de l'ordre de Staline après s'être fait arracher le pied par un obus. C'est pour cela qu'il avait tenu tête au commissaire politique Iouri Andropov qui était venu leur annoncer leur départ pour la Sibérie. Celui-là ferait une belle carrière, mais finirait empoisonné et paranoïaque. Je suis le témoin actif de sa déchéance. Le jeune garçon que j'étais savait où se trouvait ce pays. Dans mon cahier d'écolier, j'avais écrit comme tous les enfants des vrais communistes – ceux de Leningrad et de la défaite des nazis – sous la dictée de mon père : « les grands espaces à conquérir pour la gloire de la Russie soviétique ». Seulement, je ne savais pas que cette mission était une absurdité, si elle était confiée à un pêcheur de saumons de la Baltique. »

Le Boss s'arrêta.

Il sortit un grand mouchoir coloré et le passa sur son front, enlevant au passage un peu de poudre de son maquillage. Il souleva les épaules à la vue du tissu souillé.

« Derrière ce mur misérable, j'ai essayé de remettre un peu d'ordre dans la chronologie des événements. Ce n'était pas l'endroit, mais il fallait que je tienne un raisonnement expliquant les jours qui précédaient ma convocation et l'ordre qui avait suivi. J'avais répété depuis le matin la phrase, lentement et silencieusement, détachant chaque syllabe dans ma tête : *Papa est un héros de l'Union soviétique*. Il n'avait pour toute arme que son buste tendu sous une vieille vareuse pourvue de trois rangées de médailles parmi les plus glorieuses. Devant le premier ordre d'un caporal déjà soul, il avait refusé d'abandonner sa maison à ces déplacés, inconnus. Alors,

Andropov était arrivé avec une famille entière à laquelle les militaires avaient ordonné de sauter du camion, les menaçant de leur baïonnette. L'officier avait alors frappé la prothèse de bois de mon père. Un seul coup de botte ferrée, brillante et cassante comme des souliers neufs, un modèle pour cavalier, la courbe épurée et le grain du cuir aussi noir que les yeux de l'officier. Le vieux était tombé dans la poussière sans un cri, juste le souffle court et bruyant d'un asthmatique, grimaçant de douleur quand sa main toucha sa hanche collée aux pavés. »

L'homme qui était devant moi, ce Boss qui avait été un gosse, avait alors recommencé à écrire dans sa tête en pleins et en déliés, en cyrillique et en cursives héritées de Luther : *papa est un héros de l'Union soviétique*. Lettre par lettre. Un mantra pour ne pas hurler, pour garder son sang-froid, pour comprendre l'ordre dans le regard de son père.

Il lui montrait la barrière de planches, bancale et vermoulue, sous laquelle il passait souplement pour filer à l'école à travers bois et champs, non par la route comme le faisaient les filles de la maison.

Il avait dû hésiter à abandonner sa famille. Mais ni mage ni sorcière ne pouvaient l'aider. Les chevaliers en armure ne sont que des contes pour enfants.

Il se disait encore qu'il pourrait découvrir un moyen pour tous les sauver, comme dans la magie des légendes nordiques que lui racontait sa grand-mère alors que son père était en mer. Les anciennes sagas des princesses et des rois protégés par les fées et les magiciens et, surtout les armées debout derrière les oriflammes de leur pays n'avaient pas droit de cité sous le toit du marin communiste. Son père était si fier de la nouvelle histoire qu'ils écrivaient depuis la révolution de 1917. Il était l'un d'entre eux. Il comprenait la loi du peuple éclairé face à l'égoïsme d'un paysan attaché à sa propriété.

« J'ai sursauté. Pendant un moment, j'avais été déconnecté de la réalité. L'officier a crié. Une voix de fausset. »

Le Boss releva la tête, le cou tendu, fier. Un mouvement des doigts pour rembobiner son histoire.

« Je reviens un peu avant ma course. J'ai passé l'instant, un peu pour me vanter de courir mieux que les autres. C'est con, hein ? Comme si je devais encore me protéger de mes souvenirs. L'ordre hurlé était destiné à la famille russe qui attendait au pied du véhicule militaire, pas aux soldats, ni à nous. »

Des paysans du Caucase. Tout ankylosés de leur long voyage, hagards, affamés. Perdus en Carélie.

Transportés comme du bétail dans des trains et des camions pour peupler l'Union. Sans plus de choix que de tenir, survivre en pariant d'être envoyés sur les bords de la mer Noire, plutôt que la Sibérie.

Ils ne savaient même pas où ils étaient, si ce n'est que l'architecture, la mer et la blondeur des femmes leur avaient fait espérer la douceur du sud de la Baltique. Raté.

Pas la Carélie, ce royaume de l'hiver. Personne ne sait que ce pays existe.

Sauf les ours. Et puis Staline.

Et son successeur depuis septembre 1953, Nikita Sergueïevitch Khrouchtchev, le fou, travaillé par son alcoolisme, le foie déjà attaqué, le cerveau concentré à survivre au manque, entouré d'escrocs.

Avant-hier, ces paysans d'un petit village à trois cents kilomètres à l'est de Moscou, près de Voronej, étaient commis de la ferme collective. Ils cultivaient un blé et une orge riche et blonde qui partait vers la capitale pour leur revenir en pains de seigle, secs l'été, pourris le reste de l'année.

Là, au pied du camion, ils s'étaient regardés, avaient hésité, et l'officier avait sorti un long pistolet pour désigner l'autre famille, celle qui partirait.

On leur avait promis de conquérir une terre riche, non de voler un lopin de terre à plus miséreux qu'eux.

Ils ne comprenaient toujours pas ce que l'autre attendait d'eux. L'officier montrait le vieux à terre et leur hurla qu'il n'avait pas sa place dans le grand projet de l'Histoire. Des mots d'une même langue, pourtant incompréhensibles pour eux, incapables de saisir la sémantique de la révolution.

Alors, le militaire avait pointé son arme sur l'enfant descendu du camion, le plus proche de lui, en hurlant de plus belle. Il laissait entendre que leur vie était un échange, pas un choix. Une vie contre une autre et tout serait oublié.

La plus vieille des femmes avait été la première à courir en tenant ses jupes en claudiquant, cognant ses sabots sur le sol de pierres taillées et de terre battue, vers l'homme à terre. Le père du petit garçon qui se cachait. Elle avait fait tomber son fichu. Les plaques de gale sur son crâne trahissaient un état physique lamentable.

Le vieil homme au sol, la face dans la poussière, continuait de répéter qu'il était communiste. Soviétique et fidèle à Staline. Il leva la main pour montrer sa médaille arrachée de sa poitrine. L'ordre de Staline, la plus vénérée.

La vieille hurla aux siens un « C'est sûrement un traître infiltré ! C'est eux ou nous ! Vous ne comprenez donc rien ? »

Alors, les paysans du Caucase saisirent l'urgence de la suivre.

Tous avaient suivi et écrasaient à présent de leurs brodequins le corps supplicié. Du sang finlandais et des larmes russes se mêlaient sous le regard glacial de l'officier.

Ce dernier avait bien ri.

« Papa est un héros de l'Union soviétique. »

Une pluie de coups s'était abattue sur le crâne du résistant à l'armée allemande. Il avait éclaté sous le bois fêlé d'un sabot usé.

Comme un ballon trop gonflé.

Ils s'étaient alors écartés. Ils évitaient de regarder le sol ensanglanté. Ils se dévisageaient, les yeux fous, le souffle court, les sanglots secs, les pieds nus, des souliers meurtriers éparpillés autour du pêcheur supplicié.

« Maman a hurlé, puis elle s'est jetée sur papa en gémissant sa douleur. C'est là que j'ai compris : la vie n'offre qu'une alternative : la mort ou la survie. L'héroïsme, c'est pour les autres, ceux qui ont le choix de transgresser la réalité pour sauver d'autres âmes, pas pour faire massacrer toutes et tous. L'héroïsme, cette folie qui sauve ou détruit. Un choix pourtant si simple. »

Le chef du détachement avait glissé un revolver dans la main du paysan qui fixait, pétrifié, le résultat de leur œuvre criminelle.

Les soldats riaient aux éclats, se moquant des pleurs de la femme.

Le *Davaï* avait fait taire les hommes, et le paysan russe avait tiré sur la mère du petit garçon. En fermant les yeux.

Il avait raté son tir.

Juste pour se prendre une claque sur sa nuque tondue et rougie par le travail des champs qu'il cultivait encore la semaine précédente. Avant d'entasser ses biens dans une charrette qui serait abandonnée avec toutes ses possessions quand le train arriverait.

Il baissa la tête, accepta de se faire traiter de moujik tsariste, d'entendre que s'il ne finissait pas la mission de boucherie familiale, il serait le suivant à recevoir les coups de sabot de sa propre famille.

« Je reculai doucement : « Papa est mon héros ». Je ne pleurais pas. J'étais déjà au-delà de l'effroi et de la peur. J'enregistrais tous les détails, les noms et les prénoms échangés entre les soldats, les grades et insignes du régiment. Comme mon père me l'avait appris, je déchiffrais les numéros et les couleurs qui avaient battu Hitler et sa démence. *Davaï* et encore *Davaï*. Davaï. Le seul mot interdit dans ma langue.

« J'ai coupé des langues pour ceux qui l'ont prononcé devant moi. »

Des cris aussi nets et forts que les coups de feu qui résonnaient dans la cour de la maison d'une famille qui n'avait connu que le bonheur. Jusqu'à ce qu'enfin le paysan réussisse à ajuster son tir, le regard perdu dans ses propres gémissements. Ceux d'un homme qui sait qu'il s'est perdu et ne survivra pas à ce souvenir.

La mère de celui qui était devenu un septuagénaire solide et sportif avait eu la tête projetée vers le sol. Un instant, en réaction morbide, ses pieds avaient été soulevés dans les airs et alors l'enfant avait saisi que rien, plus jamais, ne serait compréhensible par un esprit sain.

Il avait fait deux pas en arrière, doucement. Aucun soldat ne prenait garde à lui, tous courant après ses deux sœurs plus âgées, déjà dépoitraillées.

Il pensa seulement à ces poules qu'elles poursuivaient dans la basse-cour pour le festin d'un dimanche d'été.

Sa sœur aînée avait été acculée au coin de la forge.

Elle avait un étrange regard. Il comprit avant tous.

Celle qui l'avait porté dans ses bras plus souvent que sa mère tenait à mains nues une barre d'acier rougie par le four de la petite forge. Sous la menace de la braise qui grésillait encore, les hommes avaient reculé. Sans une once d'hésitation, elle s'était elle-même transpercé le cœur dans un horrible chuintement de chairs qui brûlent. Sans un cri, le regard vide dirigé sur son petit frère.

Quelques mètres plus loin, la cadette pleurait doucement sous le corps d'un sergent, le pantalon descendu sous ses fesses blanches.

Lui était assis là, à Paris, soixante ans plus tard devant moi. Il avalait son rhum par grandes gorgées.

« J'avais le dos contre la barrière, je la sentais prête à rompre. Je me glissais dessous, dans un mouvement souple que personne ne remarqua. »

Son père l'appelait le chat. Je ne sais comment je connaissais son surnom avant qu'il me raconte cette scène sidérante.

Il sauta dans le bac à purin encore vide en cette fin d'été.

« Jamais je ne me retournai, malgré les supplications de

ma sœur violée par le sous-officier après que ma famille entière a été décimée par Andropov et ses hommes. »

Malgré les rires des soldats ivres de sang et d'alcool. Malgré les cris et les pleurs des paysans oubliés dans cette cour qu'ils avaient contribué à dévaster. Où ils devraient vivre désormais.

L'enfant, l'orphelin, avait alors couru pour s'éloigner de l'enfer, jusqu'au mur du parc. Il avait sa cachette, sa préférée, pour échapper aux grands chenapans de l'école, toujours prêts à le corriger. Il était encore trop petit pour leur envoyer son poing dans le nez, « même en sautant avec élan », avait-il raconté à son père hilare, le pied de bois posé sur la table, la chaise en équilibre et les mains occupées à rouler des cigarettes parfaites, droites, longues, odorantes comme le foin frais des moissons d'été.

« J'ai retenu mes larmes. Pas un hoquet ne sortirait du trou où je m'étais accroupi. »

Les soldats passèrent de l'autre côté en soufflant et en jurant. Leur chef était un homme calme, que la rumeur disait ancien pope diplômé de philologie de l'université de région, avant de suivre le cours prestigieux du Parti de Moscou. Il gravissait les échelons politiques d'officier supérieur depuis 1945, tout entier investi dans un nouveau conflit.

Pourtant, la seule guerre que l'institutrice avait racontée à ses écoliers était celle qu'avait gagnée son père pour sauver l'URSS et le monde entier d'une menace extérieure. Il n'avait pas appris que les soviétiques eux-mêmes étaient les ennemis intérieurs.

Les Allemands n'avaient été qu'un court répit entre le Staline d'avant et le Staline d'après. Pas un mot sur les millions de morts. Ni sur celui qui rassemblait les peuples en cette joyeuse universalité de l'humanité, celui qui dressait des murs et des barbelés pour séparer les familles.

Entre-temps, la Carélie était redevenue finlandaise de plein droit. Celui du sang et de la langue, pas celui de la colonisation forcée des Russes ni l'obligation de partir.

Son père lui avait pourtant longuement expliqué que les frontières étaient des créations bourgeoises. Que la révolution était la même chez les Finlandais et chez les Russes.

« Le communisme fera tomber toutes les bornes inventées pour sécuriser la propriété privée. »

« Les peuples s'embrasseront dans toutes les langues » et sa sœur aînée rougissait à l'ambiguïté voulue de la phrase paternelle.

Marx, Lénine et Staline, et maintenant Khrouchtchev, Malenkov et Beria, ces dieux qui avaient déjà tout prévu. Ces génies qui allaient construire ce monde que les imbéciles confits dans la religion et les menteurs des clergés appelaient paradis, pour mieux garder pour eux les savoirs et la richesse du peuple.

Son père savait tout cela mieux que quiconque, et il était le seul héritier de la famille. Que des femmes, pour *son malheur*, à se passionner de ses récits.

La veille de son assassinat, il avait expliqué au dîner que son ami Iouri Vladimirovitch Andropov, l'homme de Beria, était celui-là même qu'il avait sauvé d'une dénonciation calomnieuse en 1947. C'était juste après la guerre, au moment des grandes purges du Parti. Il avait été résistant en Carélie, même si ses prouesses revendiquées n'étaient pas toutes la réalité. Son père l'avait défendu, parce que *les détails* n'avaient que peu d'importance comparé à *la réalité* de la victoire contre le Mal. Le reste n'était que quête d'avancement, carriérisme. Impossible à faire comprendre à un pêcheur de Vyborg. Il les protégerait, aussi sûr que la baleine revient au printemps.

« Ben oui, ce n'était pas il y a un siècle ! C'était il y a sept ans, presque ton âge, mon chat ! »

Sa mère avait laissé s'échapper une cruche d'eau et son père avait haussé les épaules en la traitant de maladroite, mais elle était si jolie.

Quand Andropov, commissaire du peuple envoyé par Moscou, était descendu de la voiture qui conduisait le convoi, le père avait hurlé sa joie, serrant l'officier dans ses bras.

« Son vieux camarade », même s'il avait vingt ans de moins que lui, n'avait pas bronché.

Il avait même retiré de son épaule la main de l'ancien militaire devenu pêcheur l'été, forgeron l'hiver. La main de celui qui l'avait sauvé pendant la grande purge.

Il avait déboutonné l'une des billes, aussi brillantes que de l'or, de sa vareuse boutonnée jusqu'au col, pour en extirper un document.

Il avait commencé sa longue litanie, martelant chaque mot qui résonnait entre les murs de la ferme, l'une des plus belles de la campagne. L'hiver, l'enduit à la chaux claire réchauffait la pièce au moindre rayon de soleil tout en repoussant la chaleur au plus fort de l'été.

L'ordre arriva après les longues descriptions et explications politiques, du verbiage de Moscovites, incompréhensible sans une formation supérieure en vocabulaire communiste.

Le vieux, sa femme et ses enfants, devaient monter dans le camion sans attendre. Sans bagage et sans autres vêtements que ceux qu'ils portaient à l'arrivée du commissaire.

Une famille de déplacés prendrait leur place parce que le plan quinquennal n'était pas observé et parce qu'ils étaient des paresseux. Ils avaient été choisis pour la mission de leur vie : faire d'un désert un paradis collectiviste pour prouver qu'ils étaient capables de suivre la grande marche de la révolution.

Destination la Sibérie ou le Kazakhstan, selon la destination du train disponible en partance de Leningrad. Une nouvelle vie les y attendait, pour la gloire et la réussite du Plan de conquête des terres vierges voulue par le presque Ukrainien Khrouchtchev.

Son père avait croisé les bras et avait traité calmement Andropov de sous-merde bourgeoise, de parvenu qui reniait la parole donnée à un héros de la guerre.

« Rappelle-toi ta promesse, tu n'étais rien et j'ai fait de toi un héros de guerre ! »

Il avait rugi. Sans aucune réaction, l'autre avait plié son papier et l'avait rangé dans une poche intérieure avant de reboutonner son long manteau. Sans se presser.

Il s'était approché du solide marin pour le faire tomber dans un dernier et lâche affront.

Le garçon avait huit ans en cet été 1954.

Il était né au temps de l'incroyable espoir d'une paix éternelle et universelle qui donnerait à manger à tous, l'instruction à tous, sans autre critère que le travail pour la collectivité.

Quand il courut pour s'échapper de la ferme, l'homme, le « camarade Iouri », hurla qu'il manquait un enfant, un gars de huit ans, qu'il fallait le retrouver, que la vie des soldats dépendait de leur succès.

Il n'imagina même pas qu'il s'agissait de lui. Il ne serait plus jamais un enfant. Il le sut comme une nécessité de survie, une chance offerte par son père dans son dernier regard et du mouvement de ses lèvres autour du silencieux « va, mon chat, sauve-toi ».

« J'ai attendu que le martèlement des bottes s'estompe dans la nuit pour me redresser doucement. J'avais des crampes aux cuisses à en pisser des larmes de douleur. À quelques centaines de mètres de moi, la mer. La jetée m'attirait comme un aimant. »

Ils la parcouraient en famille les dimanches ensoleillés. Son père levait les bras pour embrasser tous les navires dans un grand effet théâtral : « Les bateaux ne font pas la différence entre un saumon soviétique et un saumon finlandais, c'est la preuve que la nature est communiste et internationaliste. »

Son bateau était le premier ; l'enfant passa devant en baissant la tête.

Il voulait se cacher dans celui le plus au centre du quai.

Il comprit à cet instant que c'était la première décision de l'adulte qu'il était devenu. Celle qui fonderait sa vie d'une base encore plus solide que les rangées de médailles accrochées sur les poitrines des anciens combattants. Il retrouverait un jour cet Iouri Andropov pour lui faire exploser la tête comme celle de son père, mais à sa façon, avec patience et intelligence. En réaction à la brutalité d'une dictature qui relevait les médiocres en leur confiant le droit et les privilèges des anciens boïars.

Quand ses jambes seraient assez longues pour boxer au même niveau que les plus forts des garçons de son école.

« J'ai couru encore un peu, en boitillant parce que je m'étais mal réceptionné en sautant le mur du parc. J'ai choisi le plus moche des bateaux, le plus vermoulu, *le plus carélien* avait dit ma mère en riant de la fatalité de nous avoir fait naître du mauvais côté. Pourtant, nous partagions la même langue et une famille finlandaise que nous n'avions plus revue depuis six ans, séparés par la monstrueuse frontière de la guerre froide. »

Un contresens dogmatique, une question sans réponse, plus jamais explicable par les sentences paternelles.

« Pourquoi te caches-tu, mon garçon ? »

Le garçon n'avait pas vu le pêcheur quand il s'était glissé dans la cale. Il devait y dormir pour quitter le port à la marée. Son visage s'encadra au-dessus de lui. Il avait une voix grave et douce. Le calme du marin habitué aux tempêtes de la Baltique. Il naviguait sur une coquille de noix tenue sur la mer par une seule voile de couleur qui était rapiécée à grands points de croix.

« N'aie pas peur. Je sais d'où tu viens. J'ai vu le convoi de loin. »

Il avait parlé finnois. Il puait le poisson.

Ce n'était donc pas un Russe.

L'enfant remarqua dans la pénombre qu'il n'avait presque plus de dents. Il portait une barbe fournie et une casquette en laine noire. Il se renfonça dans son coin en tremblant.

« N'aie pas peur, je t'ai dit. Tu fais partie de la nouvelle charrette d'expulsés ?

— Ils ont tué papa et maman. Ils ont pris mes sœurs. »

Il s'était redressé en tendant devant lui un petit couteau pliant. Il était prêt à se battre à mort. Sa réaction fit rire le vieux pêcheur.

« En voilà un jeune combattant courageux ! Je m'appelle Aamos et toi ? »

Il hésita à lui donner son prénom.

« Euthyme. Euthyme Korhonen, m'sieur.

— Le fils du vieux boiteux. Que le dieu des tempêtes garde son âme et pourrisse les cauchemars des diables russes. Mon pauvre petit… »

Il s'était appuyé contre la porte et avait sorti sa pipe. Il avait échappé à l'ordre d'expulsion parce qu'il était chargé d'un bateau de pêche par le kolkhoze. Aucun des paysans débarqués ne saurait naviguer. Le vieux boiteux n'avait pas eu la chance de faire une saison aussi prolifique qu'Aamos.

Il inséra le tabac précautionneusement, sans perdre le moindre brin puis, doucement, l'alluma contre le vent avant de se retourner vers son passager clandestin.

« Tu as l'air d'un garnement, Euthyme Korhonen. Tu es venu ici pour t'enfuir ? »

L'enfant baissa son couteau et le plia, sans pour autant le ranger.

« Vous n'aurez qu'à me dire quand nous serons passés de l'autre côté de la frontière. Je nagerai jusqu'à la plage. »

Le vieux éclata de rire et le garçon rougit.

« Nager jusqu'à la côte ? Tu sais aussi bien nager qu'Éva Székely, alors ? »

Il ne savait pas qui était cette Éva-chose, mais il ne pouvait lui expliquer comment il nagerait parce qu'il n'avait jamais essayé.

L'homme lui tendit une fiole, puis se reprit et en but une gorgée avant de la remettre dans la poche intérieure de sa gabardine.

« C'est de l'alcool et tu es trop jeune pour en boire. Tu sais, même si tu étais bon nageur… les courants, la température de l'eau, les rochers de la côte, enfin tout est fait pour que tu te noies. Tu ne réussiras jamais à gagner la terre ferme. Que veux-tu, dis-moi ? Je te promets de te répondre si je peux t'aider. Déjà, nous prendrons la mer dans trois heures. La marée n'attend pas.

— Partir ! »

Il n'avait réussi qu'à jeter le mot en criant, avant de pleurer de honte et de fatigue d'avoir ainsi craqué. Le marin lui tapota l'épaule. Il le laissa faire. Il avait de grandes mains rassurantes.

« Tu dois avoir faim et soif. Tu n'as pas mangé depuis quand ?

— Avant-hier. Ils nous ont parqués dans la cour une journée entière. Jusqu'à l'arrivée du commissaire commandant. Nous devions faire nos besoins devant les soldats. »

Il se leva et tapa sa pipe contre le montant de la porte. Il jura, puis s'excusa.

« Viens. Tu vas manger, dormir, et demain, quand tu te réveilleras nous serons en mer et tu me diras ce que tu veux. Pour l'instant, tu es à l'abri. Personne n'ira te chercher sur mon rafiot. Il fait fuir même les contrebandiers. Ça te va comme programme, moussaillon ? »

Il accepta la main qu'il lui tendait.

Le marin s'arrêta avant de monter sur le pont.

« Je connaissais ton père, petit Euthyme Korhonen. Un sacré bon marin et un chic type. Il faut que tu te souviennes de lui comme ça, pas comme…

— Mon père était… mon père est un héros de l'Union soviétique. Un grand héros.

— Tu fais bien de parler de lui au présent, mon doux. Les héros sont immortels. Ne change jamais cette phrase. Viens manger maintenant, après tu m'aideras à préparer le bateau pour la manœuvre. »

Le Boss assis dans mon salon était Euthyme, et sa physionomie avait changé. Il était le fils d'un pêcheur de Carélie, pas le Russe que j'essayais depuis toujours d'imaginer enfant. Je découvrais un autre univers autour de lui, loin de celui de l'officier de carrière, que j'aurais imaginé, fils d'une lignée de tchékistes vivant en famille pour se protéger de la haine des Russes.

Il se leva et se dirigea vers le soleil qui se couchait derrière l'immeuble d'en face. Je me demandais s'il avait versé une larme, ou s'il était aussi extatique que lors de sa course pour échapper aux soldats.

« J'ai suivi Aamos dans la cabine et j'ai dévoré la soupe de chou et de lard qu'il m'avait fait mijoter sur le réchaud.

Avant qu'il me propose un morceau de chocolat d'une tablette ramenée de l'Ouest, un trésor qu'il gardait pour les grandes occasions, je m'étais déjà effondré sur la banquette. Je ne l'ai pas vu plier la table ni me recouvrir d'une couverture. Dans mon sommeil, je me souviens seulement de l'odeur de sa pipe qu'il fumait sur le pont en attendant la marée. »

Non loin, dans les villages portuaires jusqu'à Leningrad, les derniers camions marqués de l'étoile rouge étaient repartis. Les paysans russes avaient remplacé les Finlandais.

Les militaires s'installaient pour longtemps. Ils avaient amené avec eux des ouvriers qui monteraient dès le lendemain les bunkers et autres casemates qui resteraient jusqu'au Grand Soir promis par Staline.

Face à l'Ouest revanchard.

Il n'y avait plus de main-d'œuvre disponible pour construire la frontière qui séparerait la Finlande de la Carélie ? Qu'à cela ne tienne, Moscou la ferait venir par trains entiers.

Iouri Andropov dormait déjà dans l'avion qui le reconduisait vers la capitale.

Il ne le savait pas encore, mais un galon de plus et une décoration l'attendaient après une cérémonie discrète à la Loubianka, en présence du Secrétaire général. Sa rapidité d'exécution, sa fermeté et son intelligence des situations de guérillas contre-révolutionnaires seraient signalées comme faits de guerre.

Khrouchtchev se servirait de son action pour discréditer Malenkov et prendre le pouvoir le 14 mars suivant.

En janvier 1955, les accusations de crimes et complots avec Beria contre le peuple soviétique achèveraient de convaincre les derniers opposants à faire de Khrouchtchev le maître incontesté du Kremlin.[1]

Andropov s'était fait remarquer par les cercles restreints du Kremlin. L'ancien et le nouveau.

Il devenait expert en politique, cette science de la duplicité qui permet aux meilleurs de trouver les appuis pour progresser dans une carrière en écartant de son chemin tous les concurrents.

Il ne sortirait jamais plus de son rôle de confesseur des traîtres et de dénonciateur des opposants, tout en se gardant bien de les jeter aux mains du pouvoir directement. Quitte à rappeler, quand les temps changeraient, qu'il avait été magnanime ou, plus rare, clairvoyant.

« J'ai dormi jusqu'à tard dans la matinée. C'est le mouvement du bateau qui me réveilla. Je n'avais qu'une envie, celle de vérifier que nous avions quitté la Russie. »

Aamos lui avait plusieurs fois recouvert les épaules de la lourde couverture qui glissait à chaque fois qu'une vague plus haute que les autres déséquilibrait le navire.

Le fils du marin Korhonen assassiné avait eu un sommeil agité, entrecoupé de cris qui mettaient en colère le pêcheur. Il pestait et parlait tout seul face à la mer.

---

1. Lavrenti Beria, le tout-puissant chef du NKVD (qui deviendra KGB) avait été fusillé quelques mois après la mort de Staline, le 23 décembre 1953. Khrouchtchev fut celui qui reçut ses dossiers secrets des mains de son rival Viktor Abakoumov qu'il fera exécuter, lui aussi, en 1954.

« Pauvre enfant martyrisé. Pourtant, je ne le connais pas, il ne faut pas que je m'en occupe. Et puis, je suis vieux et pauvre. Le KGB ne fera qu'une bouchée de mon rafiot. Il va me valoir la Sibérie ce petit. *Kusipää*[2], va ! »

Il ruminait et fumait sa pipe d'écume. La Baltique était belle. On pouvait apercevoir la Finlande à l'ouest. La fine ligne blanche des falaises de Kotka jurait sur le noir des îles disséminées par centaines sur cette partie de la côte.

Il avait croisé la route du ferry Helsinki-Pietari parti tôt le matin. Il rêvait d'y embarquer un jour pour visiter la partie de sa famille qui avait choisi le bon côté du Mur en 1947.

Ils étaient tous pêcheurs, comme lui, mais eux possédaient une flotte de beaux navires. Il avait vu des photos un jour de chance, quand son frère avait eu le droit de venir l'embrasser *sans autorisation de nuitée*.

Toujours la même histoire de vexation des populations autochtones. Son petit frère avait des enfants sains et forts. De vrais Vikings, dont l'aîné était officier marinier dans la flotte finlandaise. Aamos avait eu honte de cette fierté. Un péché communiste, qu'il aurait dû confesser à la réunion de la cellule qui avait suivi les retrouvailles.

Au lieu de cela, il avait raconté à tous, surtout lors des réunions d'approfondissement des méthodes collectives, qu'il était difficile de boucler les fins de mois à l'Ouest où simplement manger était hors de prix. Il ne disait pas toute la vérité, comme le fait que son frère se rendait dans un supermarché en famille pour remplir un caddie. De *toute*

---

2. Tête de pisse.

la nourriture, dont la majorité des personnes présentes n'avaient jamais entendu parler aurait-il dû préciser, transportée dans des sacs en plastique qu'ils avaient le droit de garder. La viande en quantité, les fruits hors saison, le vin français et le saumon fumé à portée de main. Le tout embarqué dans des pick-up américains capables de tracter des bateaux privés.

La vie de son frère était un rêve, dont il ne fallait pas discuter devant le commissaire politique. Tout simplement parce que ce dernier envoyait en Sibérie les menteurs séditieux cherchant à nuire à la santé psychologique de la collectivité.

Et puis du pain blanc à profusion, aussi moelleux que les cuisses d'Irina, la femme de l'officier de la base militaire de Pribilovo qui venait acheter du poisson frais qu'elle payait en nature aux pêcheurs les plus jeunes.

Sa confession fut acceptée comme un exemple de la victoire prolétarienne et la confirmation des mystifications de l'Occident. Le Parti était si satisfait de son discours qu'il dut le répéter de nombreuses fois dans toute la région, y ajoutant des anecdotes croustillantes payées en bouteilles de vodka.

Derrière l'embarcation, la côte grise de l'oblast de Leningrad s'éloignait. Même la terre était pauvre et triste dans cette partie de la Baltique. Une boue limoneuse à l'est, face à la clarté des fjords à l'ouest, la puanteur des marécages contre l'iode pur des îles de l'archipel de Kymenlaakso.

Il avait pour instruction de rester sur son bord de frontière. Ne jamais la traverser sous peine de servir de cible d'entraînement aux marines des deux côtés.

Aamos jura.

Il déclara aux vagues qu'il était peureux, qu'il était lâche et pourtant qu'il avait accepté qu'un mioche monte sur sa barque alors que le garçon était sans doute recherché pour finir dans le lit d'un porc russe. Une de ces adoptions «familiales» qui se terminaient dans le bordel de Krisha Mira.

« Mais, qu'est-ce qui m'a pris ? On est en pleine saison de pêche ! Je dois remplir mes cales de poissons si je veux garder ma part du quota collectif ! Je vais perdre mon droit de pêche et mon bateau finira coulé par un paysan qui n'aura jamais pris la mer. »

Il parlait tout seul depuis si longtemps, qu'il arrivait même à se répondre en inventant plusieurs tons de voix. Celui-là était geignard, aigu, détestable.

Il réduisit le débit d'essence et le moteur ralentit. Le port lui fournissait le juste nécessaire pour la pêche. S'il voguait au loin, ce serait sans espoir de retour. Il pouvait rester ainsi dans le vent, très stable, pour relever ses casiers et lancer son filet.

Une petite voix le fit sursauter.

« Camarade Aamos ? J'ai envie de faire pipi, camarade pêcheur. »

La panique. Un enfant sur un bateau ne doit jamais avoir envie de pisser ! Il eut un instant les jambes flageolantes. Il ne savait que répondre.

« Camarade ?

— Oui, oui, j'arrive ! »

Il réfléchit, abandonna l'espoir de monter de la cale un bout de toile pour le cacher, un autre pour le tenir en équilibre au-dessus de l'eau. Il le rejoignit avec un bidon qu'il découpa avec son gros couteau à ouvrir les poissons. Il le regardait faire, un sourire au coin de la bouche.

« Les gosses, c'est compliqué, disait toujours mon papa. »

Et le sourire disparut pour laisser place à un visage sombre, le menton tremblant.

« Les gosses, comme tu dis, sont surtout très acceptables sur un bateau quand ils sourient. Alors je veux que le tien reprenne sa place préférée pendant que je te prépare une bonne tasse de thé. Compris moussaillon ? Et jette ton pipi ensuite, par l'arrière, en évitant le vent, sinon tu prendras une douche. »

Il le laissa en plein éclat de rire et soupira d'aise d'avoir su casser la glace aussi vite. Quand il le retrouva, quelques minutes plus tard, le bidon avait été rincé et rangé dans un coin de la cabine d'où il semblait n'avoir jamais bougé.

L'enfant se tenait assis face à l'ouest. Le soleil était haut et la petite voile de stabilisation projetait une douce ombre sur le bateau.

« C'est la Finlande ? »

Il lui tendit le thé sucré qu'il tint à deux mains, lapant de temps en temps. Le pêcheur n'avait jamais eu l'idée simple qu'il puisse avoir froid en pleine mer, habillé de son simple short du komsomol assorti à sa chemisette rouge. Il le couvrit de sa vareuse.

De sa pipe éteinte, il désigna la lointaine côte.

« En face, c'est Kotka, au bout de la vallée de Kymie. On dirait un chat et, selon la légende, c'est le dernier de cette race de géants qui s'est endormi sur son trésor. Il y a aussi des Russes là-bas, mais ils ont choisi la liberté de continuer à prier le Dieu orthodoxe et non le Dieu Staline. À gauche, tu as les rochers de l'île de Kirkonmaa, puis, allongée comme un ivrogne à plat ventre, celle de Kolkansaari. Et la plus belle, selon moi, les prés verts de Mussalo. Quand j'étais jeune, je veux dire avant la guerre, et même avant que le régime ne devienne plus dur, j'allais y plonger en été avec mon père et mes frères. Nous nous abritions dans de petites criques protégées des courants et de la grosse mer. Nous remontions des homards à pleines mains. On prétend que c'est le seul endroit de Finlande avec un climat doux parce que la Baltique s'y perd et s'y calme. L'eau est si riche que les baleines sont toujours là à jouer et à se reposer des folies océaniques. »

L'enfant buvait son thé et, de temps en temps, repoussait une mèche rousse vers l'arrière de son front. Il balaya une larme, qui avait coulé doucement.

« Tu y es déjà allé ? Tu as vu les baleines cette année ?

— Plus jamais. C'est interdit mon garçon. C'est l'Ouest là-bas. Si on y va, on ne reviendra jamais plus chez nous.

— Je n'ai plus de chez-nous.

— Ne dis pas de sottises, le Parti s'occupera de toi, tu te feras d'autres amis, une autre famille. Et moi, tu vois, je pourrai aussi…

— Je ne retournerai jamais chez eux. Ils ont tué mon père et maman. Maman n'avait rien fait d'autre que de pleurer sur le corps de papa. Mes sœurs… »

Le garçon s'effondra en pleurs, et le vieux pêcheur le prit dans ses bras.

Il pleura à son tour à chaudes larmes. De profonds gémissements, après avoir été si longtemps retenus, résonnaient avant de se perdre dans le bruit des vagues. Ils restèrent ainsi, serrés l'un contre l'autre.

« Ne pleure pas, grand-père Aamos, toi aussi tu retrouveras bientôt ta famille. »

Euthyme Korhonen était tellement sûr de lui, il le serrait si fort qu'ils s'arrêtèrent enfin de sangloter et comprirent qu'ils ne reviendraient jamais plus en URSS.

L'officier qui l'avait formé en quelques jours connaissait tout du vieil Aamos. C'est lui qui avait empêché les autorités de lui saisir son bateau, craignant qu'il ne rejoigne les autres habitants de Vyborg. Il savait tout de lui, y compris la promesse enregistrée de son frère de l'accueillir s'il trouvait le courage de traverser la frontière pour les rejoindre.

Il n'y aurait ni navire des gardes-frontières pour couler l'esquif, ni tirs de sommation. La nuit serait calme et sans danger pour un marin expérimenté.

Dans quelques heures, il éteindrait ses lumières de bord, et surtout son moteur trop chaud pour ne pas laisser une trace sur les jumelles nocturnes des garde-côtes. Il hisserait la petite voile. Il connaissait le courant qui le porterait à proximité de la côte finlandaise. La nuit sans lune lui ferait retrouver ses réflexes de contrebandier, quand les Russes n'étaient pas encore les ennemis du monde entier.

Ils passeraient entre les îles et rejoindraient Helsinki où un foyer l'attendait depuis trop longtemps.

Là, il trouverait un moyen de protéger le petit.

Il était son grand-père maintenant.

Grand-père Aamos.

Il ne le laisserait plus jamais pleurer.

Il avait vu sourire l'enfant dans l'obscurité.

Son maître aurait été fier de lui, impressionné par sa capacité à manipuler un vieillard conservant au fond de lui le fantasme de sauver pour se sauver.

Le garçon était maintenant un illégal.

Il devait se laissait porter par l'Histoire. Il connaissait les adresses apprises par cœur, où contacter Moscou pour annoncer qu'il avait réussi sa première mission. Il s'était trouvé une famille occidentale qui lui permettrait de commencer à œuvrer pour la gloire de l'Union soviétique.

En souvenir de son héros de père qui pensait à tort que la dialectique pouvait influencer l'Histoire. Le complexe du vieux Bolchévique, un frein à l'idéal du Grand Soir, quand toutes les nations comprendraient qu'elles n'avaient d'autre choix que le bonheur des peuples.

Le Boss avait achevé son récit par une gorgée de rhum vieux.

Le Boss avait donc un nom.

Nous nous regardions. Il se leva et posa ses mains sur mes épaules.

« Il n'y a que deux personnes dans le monde qui connaissent mon secret, colonel. Toi et moi. Je ne suis pas seulement le fils d'un soldat qui a terrassé l'hydre nazie. Je croyais être l'enfant d'un héros, mais un pêcheur m'a remis en place. Je suis aussi le fils du vieux boiteux du village de Vyborg en Carélie. Paysan et pêcheur autant que forgeron. Un homme qui ne demandait qu'à éduquer ses enfants comme de bons communistes. Bien entendu, j'ai gardé ma vengeance contre Andropov et ses sbires de Leningrad.

Plus tard, auréolé de ma victoire aux États-Unis, je suis devenu un ponte dans la gestion des illégaux du département K, dont j'ai pris plus tard la direction. Le plus jeune colonel, le seul à refuser les étoiles de général pour ne pas porter ombrage à une hiérarchie de grabataires. Ils n'aimaient pas que des jeunes les poussent vers leurs datchas, loin des marchés du Goum et des plaisirs réservés à une élite pire que l'aristocratie du tsar. Seul Vladimir Poutine sait que je fus celui qui empoisonna à petit feu le secrétaire général du Parti. Une crevure doit accepter la mort sans savoir qui la lui donne. Cette décision a guidé ma vie. Je fus l'un de ses faucons, comme plus tard Vladimir. Je l'ai accompagné dans sa quête du pouvoir en sachant que je le récupérerais tôt ou tard. Nous étions jeunes, mon ami. Nos choix s'expliquent par l'Histoire, jamais par la morale. Sinon nous devenons des croyants de nos propres religions. Pour tous, je suis l'éminence grise du président de la nouvelle Russie. Je suis Igor Grychine, dit le Conseiller. »

La nuit était tombée depuis longtemps. Nous avions entièrement vidé la bouteille. Il se laissa tomber dans le club en cuir, le dos bien droit, les yeux brillants.

« Tu comprends, maintenant ?

— Trop belle histoire pour être vraie. Mais, avec toi, tout est possible. Seul ton nom me rassure. Tu as une vie réelle, que ta génétique ne pourra refuser. Tu n'as pas dû draguer beaucoup dans ta capitale avec ton prénom d'Euthyme. »

Il éclata de rire, puis redevint aussi sérieux que s'il demandait à l'un de ses sicaires de couper les pieds d'un délateur.

« Je ne connaissais Moscou qu'à l'occasion de brefs séjours. Je n'ai manqué de rien pendant cette période, même pas de sexe, dont nous profitions en initiant les stagiaires. Ces futures hirondelles, que le Service enverrait séduire les diplomates et les hommes d'affaires qui leur confieraient leurs vilains secrets où seraient piégés par un *kompromat*.

« L'idée de fonder une famille ne m'a jamais effleuré. J'étais le meilleur des Vikings, la crème de la crème des illégaux. Je suis passé de la Finlande aux États-Unis avec un véritable visa. Je me suis engagé dans les Marines parce que devenir soldat ferait de moi un vrai Américain. Le Vietnam fut une nouvelle mission pour la Russie tout en assurant mon futur. Je vivais en Occident, j'avais des moyens illimités. Quand j'étais rappelé, j'étais le plus heureux des hommes. Je me saoulais au cercle des officiers, portant fièrement l'uniforme. J'adorais la compagnie des généraux. J'étais fier de me faire épingler une nouvelle médaille sur la poitrine. Je regrette seulement de ne pas m'être pointé au siège avec mes bottes mexicaines. J'ai manqué de courage sur ce coup. Je suis pleutre quand il s'agit de détails qui auraient fait hurler de rire mes collègues pendant des semaines. Une légende aurait été répétée de promotion en promotion. Mais voilà, c'est seulement l'opération d'un officier anonyme visant à déstabiliser l'Amérique en l'inondant de drogue par containers qui sera retenue. Mon nom s'est perdu dans les dossiers du KGB. Je m'en suis inventé une centaine d'autres. Au moment de la chute de l'URSS, je savais comment récupérer et faire disparaître l'essentiel. »

Je me levais difficilement. Ma tête tournait. Lui me regardait avec attention. Je le compris à son sourire, plus qu'à mon état.

« Ce n'est pas l'alcool, n'est-ce pas ?

— En partie, mon ami…

— Tu as empoisonné le seul à qui tu as confessé ton histoire ?

« Non, rassure-toi. On ne meurt pas deux fois. Tu as déjà eu ta chance. Je te dois une vie. Je t'offre un voyage qui te fera parcourir, sans autres questions ni réflexions que celles qui accompagneront tes cauchemars. Il te faut entrer dans le grand jeu pour me suivre. Tu comprendras que mes moyens sont hérités du KGB, par exemple exfiltrer un colonel de la DGSE depuis Paris jusqu'à Saint-Pétersbourg d'un claquement de doigts. »

Pour la deuxième fois de ma vie, ma dernière vision fut celle du cuir rouge de ses bottines mexicaines.

Je rêvais de vieux pêcheurs et de chasse à l'homme dans un village de Carélie, quand ils m'installèrent puis m'emportèrent dans une malle de fer.

Je n'avais pas eu le temps de lui demander ce qu'était devenu le grand-père pêcheur. Le seul à l'avoir aidé un jour, risquant sa vie pour un enfant qu'il ne connaissait pas.

Alors que je dormais à l'étroit dans une malle ballottée au milieu d'un camion, les premières attaques Internet se déroulèrent dans l'anonymat le plus complet.

Des sites industriels de seconde zone, des cliniques privées, des plateformes de vente en ligne, bien loin des performances des GAFAM, furent piratés.

Le but n'était pas de les racketter ni de les bloquer, juste de récupérer les codes, les adresses et les moyens de

paiement de leurs clients. Les robots allaient ensuite s'atta-
cher à les contacter pour entrer dans leurs ordinateurs.

Ces derniers deviendraient bientôt les dizaines de milliers de relais des serveurs qui paralyseraient la France.

CHAPITRE 4

Retour en Russie

Acte trois de la conversion : le grand jeu. Celui qu'on espère et redoute à la fois, la preuve de la capacité du maître espion à soulever des montagnes pour son agent. J'avais été gâté, avec la démonstration des techniques et des moyens financiers mis en œuvre pour me convaincre de la puissance intacte des services de renseignement russes.

Le temps est à la *dead-list*. Pour les Américains, ce sont des centaines de noms couchés dans les serveurs de la NSA par l'Intelligence artificielle. Derrière, des hommes et des femmes seront la cible d'un drone pour avoir nui à la paix, loin d'un champ de bataille. La justice, civile ou militaire, celle qui offre la possibilité de se défendre dans le respect des lois internationales, sera vite oubliée devant la nécessité de défendre la démocratie.

Pour les Russes, l'époque est aussi à la destruction. Même nombre de cibles, mais avec des moyens technologiques différents. Le poison, la désinformation morbide qui tue socialement, la disparition, la terreur et l'utilisation de tiers malfrats et mafieux. L'exfiltration était un cadeau rare. Une opération spéciale imaginée pour moi. Une réminiscence d'une des spécialités des illégaux soviétiques en poste en Occident.

Deux hommes m'avaient soulevé doucement.

Je respirais leurs odeurs corporelles, un mélange de sueurs et d'après-rasage bon marché, sous la couche écœurante de la salle enfumée d'une cantine militaire.

J'étais sans aucun doute de retour en Russie.

Je n'avais aucun souvenir de mon voyage. Juste la dernière conversation, le sourire et les bottes du Boss. Depuis, un mélange de rêves et de cris, des poursuites et des pauses sans songes, des Styx à traverser pour comprendre où l'homme qui, un jour, avait tenté de m'éliminer cherchait aujourd'hui à m'emmener en utilisant les vieilles techniques du kidnapping soviétique.

Pendant mon voyage, j'avais pu être interrogé sous drogues. Je ne craignais rien d'autre que d'avoir déclaré que j'attendais de revoir le Boss depuis trente ans. À la question du pourquoi ce désir si profond, la réponse avait dû fuser : conquérir le monde en sa compagnie après une attente qui avait duré presque le temps d'une vie.

Je l'avoue, j'ai écrit dans mon carnet que j'étais flatté d'être enlevé.

Cela participait à la légende que s'était créée celui qui se faisait maintenant appeler le colonel Igor Grychine. L'homme de confiance du président russe.

Kidnapper un citoyen et lui faire traverser quelques frontières était dans les cordes d'un service qui en avait usé les techniques. C'est ainsi que le département K des illégaux ramenait au bercail ceux de ses nationaux qui avaient eu l'outrecuidance de quitter le paradis soviétique pour le renier dans l'enfer occidental.

L'exercice avait pour principales conséquences le procès du traître. Démonstration étant faite au peuple que la justice communiste ne s'arrêtait pas à la frontière. Une façon aussi de rappeler aux volontaires à l'évasion que les tortures qui s'en suivraient seraient douces comparées au supplice de la crémation vivante qui allait conclure l'aventure.

Le colonel Grychine avait acquis sa réputation à Beyrouth. Chargé de négocier la libération des seuls otages russes de l'histoire chaotique du pays, il avait « conseillé » à la faction en cause de les laisser partir sans rançon versée. Ce à quoi les chefs avaient cru comprendre que la pauvreté de moyens n'a d'égale que la politesse d'un refus.

« Le Conseiller » avait alors enlevé lui-même une poignée de hauts dignitaires du clan kidnappeur, signe qu'il était renseigné sur chacun d'entre eux. Il avait ensuite missionné un excellent chirurgien, venu directement d'un hôpital de Moscou réservé à la Nomenklatura afin qu'il les renvoie chez eux, morceau par morceau.

Les otages avaient été libérés et le colonel avait gagné un surnom. Une marque de fabrique bien plus honorable que celui de Boss : ses conseils n'étaient jamais à prendre à la légère.

Ces temps étaient révolus pour le KGB et laissaient la place aux mesures simples de l'élimination signée chimiquement. De préférence un produit dont aucun officiel ne pouvait croire qu'il ne soit pas issu d'un laboratoire militaire du SVR ou du GRU.

Dans mon cas, et mon extraction de France en témoignait, le Conseiller avait choisi le moment idéal, preuve que mon dossier était complet.

Avant de me faire enlever, j'avais informé mon entourage de mon intention de suivre pendant un mois un tronçon de la route Saint-Jacques. Un retour sur la *via Podiensis* qui m'avait fait découvrir le rythme du pèlerin quand je n'avais pas encore atteint la majorité.

Trois cents kilomètres entre Le Puy-en-Velay et le village de Conques sur les grands Causses du Rouergue.

Un mois sans téléphone.

La chronologie de la visite rue de Châteaudun, si bien préparée, me rassura. Si les stratèges de Moscou avaient envisagé d'éliminer un concurrent risquant de faire de l'ombre à leurs poulains politiques, je ne me serais jamais réveillé.

Une voix ordonna à mes deux gorilles de me porter sur une table.

Elle était douce, féminine, le russe élégant de Saint-Pétersbourg.

Je compris rapidement qu'elle était médecin.

« Ses paramètres s'accélèrent. Il est en train de se réveiller. Il va pouvoir nous entendre bientôt, si ce n'est déjà fait. »

Elle parlait à une autre personne, la voix se perdant derrière moi. Je sentis ensuite qu'elle était proche. Une odeur de savon pour enfant, accompagnée d'un bonbon à la menthe pour camoufler une cigarette fumée en cachette.

« Colonel ? Je suis Elena, le médecin attaché à votre réveil. Vous avez encore les paupières lourdes et la drogue a paralysé vos muscles. Toute tentative de mouvement ne fera que vous inquiéter. J'ai perfusé un antidote qui va détruire les molécules en quelques heures. N'essayez pas de me répondre. Je vois à votre rythme cardiaque que vous avez compris. Je vais vous faire dormir, maintenant, avec un somnifère doux qui agira pour calmer la réaction de votre cerveau à ces phases compliquées pour lui et chasser les douleurs musculaires suivant un trop long sommeil. Nous nous rencontrerons avec un bon café et des viennoiseries de Khorzov. Vos préférées, m'a-t-on appris. »

Elle s'écarta avec un petit rire de jeune femme, et un conciliabule se tint loin de moi. Les costauds à l'odeur de soupe au chou et de papirossa me soulevèrent doucement avant de me reposer délicatement dans un fauteuil roulant. Ils devaient avoir une carrure d'athlète pour ne pas souffler pendant l'effort. Je saurais m'en souvenir.

La suite m'emporta vers un sommeil sans rêves, une lourde chape me plaquant sur un lit.

Un rayon de soleil me réveilla en douceur. La fenêtre était ouverte sur un parc dont les grands arbres avaient certainement connu le dernier tsar.

« Tout paraît parfait, colonel. Je suis la reine du dosage et mes patients ne se plaignent jamais d'un réveil brutal. Mes supérieurs m'appellent Paracelse. Essayez de parler ? »

Je découvris son sourire en même temps qu'elle me prenait le pouls.

« C'est la dose qui fait le poison... »

Elle rit.

« Même pas un torrent de cailloux dans la gorge ? Vous parlez merveilleusement bien notre langue, cela facilitera nos échanges, bien que je sois diplômée en langues étrangères aussi. J'aime beaucoup la littérature française.

— Où suis-je ?

— Oh, à Saint-Pétersbourg ! Où croyez-vous être ? Si votre mémoire est défaillante, rassurez-vous, c'est une rare conséquence, mais qui ne dure pas. Vous souvenez-vous de votre nom ?

— Beaujeu. Achille de Beaujeu. Mon père était un helléniste convaincu et expert. Il nous a tous affublés de prénoms stupides. Mon meilleur ami s'appelle Hector. Pas banal, non ?

—Mais vous parlez à une Elena, colonel ! Une Hélène qui a la chance de ne pas finir noyée dans une baignoire. Enfin, Dieu m'en préserve ! J'aime beaucoup, au contraire, vous êtes l'image de l'officier français décrit dans les romans d'espionnage. Quel est votre âge ?

— Cinquante-six ans. Pourrais-je voir rapidement mon geôlier ? »

Le même rire déroutant. Elle écrivit mes réponses sur une feuille tenue par une pince sur une planchette.

« Une prison ? Vous plaisantez encore ? Vous êtes libre mais, je vous préviens, encore un peu groggy comme disent les Anglais. En revanche, M. Grychine vous rendra visite dans l'après-midi. Il doit quitter Moscou ce matin à bord d'un avion de la présidence, juste après le conseil des ministres du vendredi. Vous avez là un ami très puissant. Impressionnant ! Mon mari va exiger que nous déménagions quand il saura que j'ai serré plusieurs fois la main de l'homme de l'ombre de Vladimir Vladimirovitch. »

Elle me tapota le bras en riant et se leva. Une infirmière entrait avec un plateau aux mets somptueux.

« Si vous pouviez me faire l'honneur de ne rien laisser, alors vous auriez l'occasion de m'offrir mon plus beau cadeau de la journée. Un de mes patients qui se réveille sans une faim de loup et je mets des jours à m'en remettre ! »

Je restai seul et ramassai en effet les dernières miettes d'un petit déjeuner digne d'un grand hôtel. Ensuite, je me levai doucement, attendis que les étourdissements s'espacent avant de m'approcher de la grande fenêtre.

J'occupais une chambre au premier étage d'un hôtel particulier transformé en clinique privée. Je vis des patients se promener dans le parc arboré, épaulés par des infirmières ou des kinésithérapeutes. À l'âge et l'aspect physique de la plupart d'entre eux, je misai sur un centre médical pour officiers.

En réfléchissant aux moyens financiers d'un tel complexe, je compris que j'avais été transporté sur un site réservé aux blessés du SVR ou du GRU.

Un coup léger sur ma porte.

La doctoresse entra, accompagnée d'une infirmière poussant un chariot. Toujours aussi souriante, elle désigna du menton la blouse dont on m'avait revêtu.

« Vous avez réussi à vous lever ! C'est très bien ! Il y a des habits à votre taille dans l'armoire. Vous me direz si vous avez besoin d'aide pour les enfiler. Avant, je vais vous prélever un peu de sang. Je voudrais m'assurer que votre empoisonnement est stabilisé.

— Mon empoisonnement ?

« — À la réunion internationale des anciens cadres des corps diplomatiques à Saint-Pétersbourg. Un rendez-vous des vieux barbouzes qui se tapent dans le dos, d'après les rumeurs. Malheureusement pour vous, vous n'y aurez pas été vu. Nous pensons que la toxine se trouvait dans le plateau-repas de l'avion qui vous a amené depuis Munich.

— Munich ? »

Son sourire m'amusait. Elle pouvait dire la vérité, celle que lui avait confiée le SVR. Grychine et ses services pouvaient tout raconter et s'appuyer sur la sincérité des preuves qu'ils avaient créées de toutes pièces. J'avais dû transiter jusqu'à Munich caché dans une voiture ou un camion, puis embarquer, toujours drogué, dans un avion. C'est là que la toxine m'avait été inoculée, ou non.

Elena contrôla le geste de l'infirmière, l'air concentré. Quand le flacon fut rempli, celle-ci nous quitta avec le prélèvement.

« Vous aurez votre dossier médical avant de retourner en France, heureux veinard. »

Elle tournait le dos au miroir, seul rempart entre l'objet et moi. Elle tendit la main.

« Je crains que ce soit notre dernière conversation. Je pars pour quelques jours de vacances bien méritées. Vous êtes sorti des griffes de la maladie grâce à la célérité de nos services. Votre ami, le colonel Grychine, arrivera bientôt pour vous installer dans un bel hôtel du centre-ville historique. Ravie de vous avoir rencontré, Achille de Beaujeu. Faites bien attention en vous habillant, vous n'avez pas encore recouvré tout votre équilibre. »

Je la remerciai et lui serrai la main. Elle cachait un petit morceau d'une feuille déchirée, plié en son creux. Un clin d'œil et elle disparaissait.

J'avais compris qu'une caméra me filmait derrière la glace sans tain du lavabo. Je lirais donc le message à l'abri de cet œil indiscret, protégé par l'armoire.

« Bienvenue en Russie. Aucun contact avant votre retour. Soyez prudent. Heureux que le neveu soit dans la place. Signé votre oncle »

J'avalai le bout de papier et m'habillai d'un élégant costume de luxe à la coupe anglaise. Parfait. Mes mensurations avaient été prélevées avec précision.

J'avais souri à la vue de la signature. Une *private joke* entre le général Carignac et moi, que seuls nous deux connaissions. Je n'étais pas seul. Une jolie doctoresse pouvait servir un autre camp que celui de Poutine et son éminence grise anciennement appelée le Boss.

François Carignac, ex-directeur général de la DGSE, avait tissé un réseau de fidélités partout dans le monde. En particulier sur les terres des anciens ennemis de la guerre froide, où il avait excellé comme l'un des plus grands maîtres espions de l'époque. Il n'avait pas d'âge depuis que je l'avais rejoint dans les années quatre-vingt. C'est lui qui dirigeait le service qui m'envoya aux États-Unis alors que je débutais ma carrière.

J'étais prêt à rencontrer les mystérieux commanditaires de ce rapt à l'ancienne et à me mettre à leur service. Il était grisant de penser que nous avions pour l'instant joué le scénario prévu par Carignac quand nos ennemis croyaient l'avoir écrit.

Les appâts avaient touché leur cible. Il ne tenait qu'à moi de ferrer ma proie et, doucement, avec la patience d'un pêcheur sportif, de remonter mon trophée.

CHAPITRE 5

Le Conseiller

Quelques minutes après le passage de la doctoresse, alors que je laçais mes chaussures, un garde du corps armé avait fait son entrée dans ma chambre. Il m'avait demandé de le suivre poliment, sans attendre ma réponse.

J'avais retrouvé le Boss à l'arrière d'une limousine. Pour tous en Russie, il était Igor Grychine, le Conseiller du tsar. Le gorille avait pris place aux côtés du chauffeur. Mon hôte avait relevé la glace de séparation.

« Énervé ? En colère ? Pas apeuré j'espère ?

— Surtout curieux. Tu m'as assuré un jour qu'on ne mourait pas deux fois. J'en ai douté un instant, quand je me suis endormi dans mon appartement. Tu as bien fermé la porte en repartant ? Je serais désolé de ne rien retrouver à mon retour. »

Il rit et me tendit mon passeport et mon portefeuille.

« Tu trouveras un billet en première sur un vol *open* pour Paris, *via* quelques étapes qui ne laisseront aucune trace de ton passage chez nous. Tu as pratiqué ce sport pendant longtemps, cela te rappellera de bons souvenirs. Sinon, reste un peu avec moi et je ferai mon possible pour que ton retour soit le plus discret possible avec nos propres moyens. Je te connais suffisamment pour n'avoir pas perdu de temps à t'inviter, à provoquer des soupçons chez tes anciens petits camarades de jeu à cause d'une demande de visa ou autres embarras administratifs. La doctoresse – elle est jolie, non ? – m'a assuré que tu n'avais eu l'impression que de dormir un peu trop. Seule conséquence, tu auras faim pendant quelque temps. Tu n'as pas été alimenté pendant quatre jours. Tu n'imagines même pas la difficulté que nous avons eue pour te faire parvenir jusqu'ici. Malgré l'Europe de Schengen, vos services sont en alerte terroriste permanente. Nous avons failli te perdre au moins deux fois.

— J'ai été drogué et j'ai avoué que je travaillais pour la France ? »

Grychine haussa les épaules devant l'évidence.

« Bien entendu, nos drogues sont plus évoluées qu'à l'époque de notre vieux KGB. Mais les contre-mesures chimiques ou psychologiques sont aussi plus efficaces. Tu aurais pu prévoir de te faire enlever et te préparer, ce que je ne peux croire. Tu as juste avoué que tu m'attendais depuis toujours, ce dont je te suis reconnaissant. »

Il me serra l'épaule et cogna deux fois sur la vitre. La voiture démarra sans un bruit.

« Je te propose, avant de t'inviter à déguster un menu impérial, de visiter le nouvel ordre mondial, celui que nous allons instaurer, avec toi, si tu l'acceptes.

— Cela m'étonnerait. J'ai un mois de marche en solitaire qui m'attend. La visite de ton empire m'intéresse, bien sûr, mais ne compte pas m'embaucher : je suis à la retraite et ne trahirai jamais mon pays.

— Qui te parle de trahison ? Je ne te ferai jamais une proposition comme celle-ci parce que je te connais et t'observe depuis toujours. Tu verras, il s'agit d'un rêve bien plus important, une place dans l'histoire sans guerre, sans combat. Connais-tu la blague sur Staline qui désire présenter justement son empire à sa mère ? Non ? Il part la chercher en Géorgie et la fait monter dans un avion.

« Tu vois, maman Ekateriné, je possède le plus bel appareil de l'Union. Il y a une chambre, un bureau, et un chef cuisinier attaché à ma seule personne.

— Je vois, Sosso[3], je vois », lui répond-elle.

Ils décollent et on leur sert aussitôt du champagne français et le meilleur des caviars. Durant le vol, le petit père des peuples lui explique :

« Tu vois, maman Ekateriné, tout cela est à moi, cette nation et ces terres infinies. Depuis la Baltique jusqu'au Pacifique, du pôle Nord à Berlin et, bientôt, l'Europe tout entière.

— Je vois, Sosso, je vois.

Et elle reste silencieuse jusqu'à Moscou malgré les douceurs, les masseuses et le coiffeur, qui s'occupent d'elle. De retour dans la capitale, Staline lui offre des bijoux et une fête somptueuse après lui avoir fait visiter le Kremlin, jusqu'à la

---

3. Diminutif de Iossef donné par ses parents à Staline.

salle secrète où s'empilent les trésors volés aux Juifs et aux églises. À la fin de la journée il s'emporte, car elle n'a pas bronché. Pas un remerciement, pas une flatterie. Ni même a-t-elle exprimé un peu de fierté devant la réussite de son fils. Il s'en étonne devant elle et elle finit par lui répondre après un grand soupir.

« Mais que deviendrons-nous, mon Sosso, quand les communistes reviendront ? »

Je ris de bon cœur. Grychine redevint sérieux.

« À partir de maintenant, si tu veux, ne dis pas un mot comme la mère du despote. Sache pourtant que les communistes ne reviendront pas. Nous sommes en train de changer le monde et tu garderas pour toi, ou pas, tout ce que je te ferai visiter. Ça marche ? »

Il m'avait tendu sa main. Je la serrais sans hésitation.

« Nous commencerons par une visite à notre ferme de trolls en compagnie de notre chef d'État-major des armées.

— Je vais rencontrer Guerrassimov ?

— Lui-même. Tu n'es pas au bout de tes surprises. Le grand jeu pour te convaincre de ma bonne foi et de l'importance que tu as pour moi. »

Je sifflai, tout en remarquant que les vitres blindées de la voiture laissaient passer la lumière alors qu'elles restaient opaques. Il m'était impossible de reconnaître un itinéraire dans cette ville que je connaissais pourtant assez bien pour l'avoir habitée pendant une dizaine d'années.

Une petite demi-heure plus tard, un homme nous accueillit sur le pas d'un porche d'un immeuble cossu du centre-ville de la Venise du nord.

Jeans, tee-shirt d'un groupe de musique metal, il avait moins de trente ans et semblait nerveux. Il suait et n'arrêtait pas de se tordre les doigts en parlant à celui que les services occidentaux avaient surnommé Le Conseiller, le plus proche du président Poutine.

Grychine avait revêtu un costume sévère, une cravate club, peut-être celle du D.O[4], l'ancien club sportif des officiers qui servait de paravent à un club où l'on buvait et mangeait des menus occidentaux. Une imitation clandestine des clubs d'aristocrates de l'ancien régime.

Le chef d'État-major des armées russes, le général Valeri Guerrassimov, portait une veste de tweed, une chemise au col anglais et un foulard sombre sur un pantalon de flanelle beige. Il était moins grand que je l'avais imaginé, la stature un peu flasque de l'ancien sportif et les traits marqués par l'alcoolisme mondain.

Il nous attendait dans la salle de réunion. Après une accolade à l'ancien patron de la drogue de la côte Ouest américaine, il me serra la main longuement tout en m'expliquant qu'il était honoré et impatient de me rencontrer.

Je me trouvais au beau milieu de ceux qui commandaient les guerres pour Vladimir Poutine. J'aurais dû être impressionné, mais le silence de l'un, la faconde de l'autre, me firent penser à une fausse cordialité entre l'éminence grise et le militaire. À l'évidence, ils ne pouvaient se supporter et n'essayaient même pas de le cacher.

J'appris par le général que le jeune homme qui nous avait accueillis était le président de la société Internet Research

---

4. Дом Офицеров ou Maison des Officiers.

Agency, IRA, basée à Saint-Pétersbourg, mais aussi en Crimée avec des relais partout dans le monde.

Cette entreprise, que les Occidentaux nomment la ferme à trolls, était devenue le principal outil de propagande et de désinformation des précampagnes militaires ukrainiennes et géorgiennes. C'était aussi un appui efficace pour les actions de déstabilisation pendant les élections américaines et françaises et le vote sur le Brexit.

Guerrassimov avait théorisé, en 2008, la guerre hybride, affirmant qu'« un État prospère peut être transformé en un théâtre d'affrontements en quelques jours ». Sans armée aussi puissante que les anciens ennemis de la guerre froide, il avait créé le département de la guerre de l'information, indépendant et au-dessus hiérarchiquement des traditionnels outils de désinformation et de propagande des Services.

La Russie avait recouvré toutes ses capacités de déstabilisation des blocs concurrents. L'Europe en premier, qu'elle cherchait à diviser. L'Amérique ensuite, dont elle tentait d'expliquer que la force n'était qu'une façade impuissante face à un peuple déterminé, rongé par des infrastructures que les incessantes attaques informatiques finiraient par faire effondrer.

Le département était aussi soupçonné d'une forte implication dans la campagne pro-Brexit. On lui attribuait d'avoir surchargé la Toile de dizaines de milliers d'interventions et de fausses rumeurs qui alimentaient la méfiance vis-à-vis de l'Europe. Une véritable opération commando réalisée *via* des milliers de faux sites, fausses pages sur les réseaux sociaux avec la complicité de médias amis, autant de redoutables caisses de résonance.

Le rôle de ce Service novateur consistait à appuyer le candidat de son ou de ses clients. Il mettait en place des faux comptes alimentés par des robots et des équipes formées à repérer et à intercepter les commentaires non favorables au camp choisi.

À l'invitation d'Igor Grychine, le chef des armées russes prit la parole.

« En tant qu'ancien officier de renseignement français, vous connaissez mon parcours dans les moindres détails. Je tiens seulement à rappeler le principal enseignement de ma carrière d'officier des blindés, ce que vous nommez si joliment l'arme blindée et cavalerie. Une grande leçon de modestie : nous n'avons jamais que les moyens de nos ressources. En d'autres termes, face aux six cents milliards de dollars du budget militaire US, nous consacrons la majeure partie de notre budget, une soixantaine de milliards – environ dix milliards de plus que la France – à tenter de maintenir opérationnel un matériel qui a plus de trente ans d'usages de guerre. Lors de la guerre du Caucase, je fus rapidement amené à la conclusion que l'ancienne doctrine de l'armée soviétique, qui consistait à suivre la cadence occidentale pour rester la deuxième puissance militaire, était une erreur. Protéger notre espace et nos alliés allait devenir impossible après la chute de l'URSS qui allait précipiter le pays dans un gouffre financier. Mais, les hiérarchies militaires sont difficiles à remplacer, et plus longues encore à faire évoluer. J'ai patienté jusqu'à ce que l'occasion me soit offerte d'expliquer la doctrine nouvelle de l'armée russe à Vladimir Vladimirovitch puis, plus tard, à l'Académie militaire.

— La doctrine Guerrassimov. 2008. »

Il hocha la tête et continua :

« En effet, ce que les Occidentaux, pris de vitesse, ont fini par baptiser ainsi. Je n'en suis pas l'inventeur, juste le premier utilisateur sans complexe. Partant de ce constat qu'il nous était impossible de rénover, innover, acheter des brevets et des technologies, et trouver des compétences nouvelles pour rattraper notre retard, nous allions créer la force armée future. Celle qui n'utiliserait ses armes, ses hommes et sa puissance qu'en dernier recours. Non pas dans un but uniquement électoraliste ou populiste, mais avant tout économique. Nous aurions ainsi tout le temps d'entraîner et de reconstruire nos armées. Quand nous perdons un avion, le coût de son remplacement représente plus de deux pour cent du budget de l'armée de l'air. En face de nous, le même accident reste une peccadille pour les États-Unis et leurs cinquante escadrons de chasse.

« Nous, nous avons inventé la guerre *par les ondes*. Notre grande expertise des techniques de désinformation prend une tout autre dimension dans un organigramme inédit. Le chef d'État-major que je suis aujourd'hui possède l'autorité en zone de guerre ou de combat et, sur ordre du président, sur les forces spéciales, la guerre cyber, la presse, la diplomatie et la manipulation des populations. Un tel outil, allié aux technologies actuelles et soutenu par les vieilles caisses de résonnance que nous avons « réveillées » partout dans le monde – notamment dans votre beau pays – aurait rendu nos chars inutiles dans un Prague en révolution. Nos campagnes de déstabilisation conduisent les peuples à se convaincre que seule notre autorité est le gage de la véritable démocratie, la nôtre. »

Le jeune informaticien écoutait bouche bée, extatique. Quand le militaire eut achevé son explication, il se tourna vers lui, l'invitant à prendre le relais.

Le patron de la société enchaîna donc par une rapide présentation de l'opération lancée quelques semaines plus tôt, sans se soucier si je devais être mis au courant ou non.

Le Boss sourit de mon étonnement lorsqu'il projeta la carte de France sur le grand écran qui apparaissait dans son dos. On pouvait y lire les noms d'opérateurs répartis un peu partout sur l'Hexagone.

L'immeuble de la Venise du nord employait cinq cents personnes auxquelles s'ajoutait une centaine d'emplois français payés au décompte *via* la plateforme PayPal, sur le nombre des *posts* et *tweets* diffusés. L'entrepreneur était fier d'avoir créé un véritable nouveau métier qui faisait vivre des retraités ou des personnes en travail précaire, souvent à domicile.

« Pas de contrat, aucune trace de relations entre eux et nous. Nous sommes financés à hauteur de cent millions de dollars sur un millier de comptes dédiés à des ONG ou des œuvres charismatiques. Les services russes des douanes et du ministère de l'Intérieur sont en mesure d'accepter la procédure d'entrée et de départ des fonds sur notre territoire. Les autorités américaines aussi, puisqu'il s'agit de leur monnaie. Des associations, des fondations, des groupes aux intérêts divergents rémunèrent, depuis les États-Unis, nos *posteurs*. Ne pensez pas que nous n'employons que des personnes qui pensent comme nous, ou des adeptes des théories du complot. Il y a autant de véganes que de bouffeurs de viande, de LGBT que de religieux, des *Black Lives Matter*, des sites de rencontres et des amateurs de jeux vidéo, des fondus de musique ou de cinéma... Vous n'imaginez pas l'effet d'entraînement et de haine qui se déchaîne sur un sujet ou une personne dès qu'une information est relayée par des supports qui ont prouvé leur crédibilité sur d'autres sujets. Si nous parvenons à nos objectifs, notre partenariat montera en puissance et nous serons de plus en plus riches.

— Grâce à vous, merci. »

Le général Guerrassimov s'était tourné vers moi. Il était en tenue civile, mais exagérait la posture militaire. Je laissais cette impression en suspens. Sa jeunesse étonnait toujours ses interlocuteurs habitués aux apparatchiks donneurs d'ordres de l'ancienne Armée rouge. Des septuagénaires placés par le Secrétaire général pour protéger le Kremlin d'une muraille d'assoupis, qui ne témoigneraient d'aucune velléité à prendre le pouvoir. Il était surtout un fidèle du président Poutine.

À la soixantaine, il était l'un des stratèges les plus révolutionnaires de sa génération. Il avait acquis sa réputation après une brillante carrière dans l'arme blindée et des succès importants lors de la deuxième guerre tchétchène.

En 2010, il avait présenté son livre blanc à son président. Comme il l'avait rappelé, faute de pouvoir rivaliser financièrement avec les Américains, il repensait totalement la stratégie militaire du pays en coordonnant les forces des armées russes avec un dispositif placé sous un seul commandement qui intégrerait forces spéciales, forces traditionnelles et cyberguerre à des fins de diplomatie et de désinformation. La grande époque des guerres d'influences entre le KGB et le GRU, le ministère des Affaires étrangères et l'Armée rouge, était révolue.

La Russie devait reconquérir sa place de leader mondial. Pour cela, elle allait refaçonner les relations internationales et redevenir un passage obligé. Sans elle, pas d'avancée diplomatique ou le risque d'être la proie de la déstabilisation de l'intérieur.

En 2013, son discours programmatique à l'Académie des sciences militaires avait fait l'effet d'une claque retentissante aux oreilles des officiers généraux vieillissants. Une fronde avait suivi, dont la répression avait permis au Kremlin de faire disparaître toute opposition à la doctrine du jeune général.

« Grâce à moi ? Je vous remercie de votre franchise, mais je ne comprends pas.

— Ce sera le sujet de notre deuxième rendez-vous, colonel, si vous le voulez bien. Continuez, mon jeune ami. »

Le Boss avait répondu le premier.

Le président de la ferme à trolls se leva et fit le tour de la table de travail pour rejoindre le tableau blanc sur lequel avait été tracé aux marqueurs de couleur l'organigramme de l'opération. Grychine pointa du doigt les chiffres d'effectifs inscrits dans l'angle droit.

« Ça, vous oubliez. Nos clients ne payent pas pour une manœuvre de temps de paix munitions à blanc et grenades à plâtre. Nous voulons de l'industriel et vous devrez changer vos processus pour une bonne coordination avec nous. Une équipe experte en intelligence informatique vous rejoindra dans la soirée. Elle mettra au point, avec vos équipes, des algorithmes pour gérer la surcharge de données et d'actions. Nous étudions cette nouvelle méthode de guerre depuis quelques années et nous avons enfin la chance de la tester en mode réel.

— Mais c'est pourtant autant de salariés que pour l'élection américaine ! »

L'autre avait moins de trente ans. Son tee-shirt marqué du logo d'un groupe rock anarchiste lui collait à la peau, trempé de sueur. Grychine était redevenu le Boss. Il parla lentement pour que son interlocuteur comprenne qu'il n'y aurait pas deux explications des enjeux.

« Vous allez arrêter vos autres contrats et rembourser ceux qui le veulent, me donner les noms de ceux qui vous menaceront de procès ou de représailles financières. Nous avons une opportunité historique. Avec cette mobilisation en dehors des partis, qui débute en France à la veille des élections, nous devons saisir ce momentum que nous offrent les Anglais de défaire l'Histoire. La nouvelle mobilisation des Gilets jaunes est apolitique, forte d'un appui général de la population épuisée par la crise Covid. Avec les présidentielles qui approchent, avec la candidature de notre ami ici présent nous n'aurons qu'une seule cartouche.

— Je me présente, maintenant ? »

Grychine ne m'écoutait pas. Il continua :

« Activez vos groupes de pression en attente. Les « Colère suivie des numéros des départements ». Lancez une convocation générale. Je veux que le pouvoir soit impressionné par la mobilisation sur Internet de ces dizaines de millions de Français. À ce moment-là, nous reprendrons la main et maîtriserons les donneurs d'ordres. Je veux tout votre effectif ici et à notre service. Recrutez en France le double des ressources humaines actuelles. Captez les Gilets qui se seront inscrits les premiers sur les groupes de discussion, ceux qui étaient les plus actifs lors de la première crise. Ceux-là ont aujourd'hui des soucis de fins de mois. Vous leur fournirez de quoi vous faire passer pour des bienfaiteurs du peuple. Augmentez la rémunération et jouez sur les *bots* pour décupler leur influence. Si un leader surgit avec la volonté de rassembler, vous le cassez. Nous ne désirons aucune récupération. Préservez l'hétérogénéité des revendications autour de demandes impossibles, qui rassembleront automatiquement les extrêmes. Combien de comptes n'ont pas été effacés par les plateformes depuis que l'État français a commencé à les menacer ? »

Le jeune homme consulta sa tablette.

« Trois cents millions. Dix millions sur la France.

— Je les veux tous en support, et les pays périphériques aussi. Nous allons gonfler les groupes et prendre la main sur les fils de discussion. Il y aura des centaines de milliers de supporters qui approuveront tout, surtout si le gouvernement français leur donne ce qu'ils désirent.

— Ils veulent un militaire au pouvoir.

— Nous l'avons.

— Ils demandent la suppression des lois sur l'écologie, l'annulation de la taxe sur les retraites et une hausse du pouvoir d'achat. »

Le général sourit.

« Ils auront ce qu'ils demandent. La France n'a que faire de sa dette, elle sait qu'elle sera protégée par son statut de créatrice de l'Europe. Ils se dépêcheront de payer si les manifestations continuent. Prépare une revendication qui déstabilisera le système.

— Mes experts sont sur le coup. Notre première campagne vise à instaurer des éléments de langage, comme « La France est une dictature », « Le Président, nouveau Louis XVI », « Les forces de l'ordre sont des mercenaires étrangers », «les manifestants sont des *gueules cassées* », etc.

— C'est quoi ?

— C'est ainsi que les Français appellent les rescapés de la Première Guerre mondiale qui ont perdu une partie de leur visage.

— Je comprends le symbole. Des héros. Bravo.

— Il y aura aussi l'usage des armes non létales : un soupçon de lacrymogènes au cyanure et un couplet sur la nation répressive.

— J'ai vu. J'approuve. »

Le jeune président de l'IRA fit défiler les lignes avec l'index.

« Nous jouerons enfin sur les alliés locaux de Vladimir Vladimirovitch. »

Il s'arrêta. Il rougit en remarquant que l'oubli du terme *camarade* avant le titre n'était plus de mise trois décennies après la disparition du secrétaire général du parti communiste de l'URSS.

Guerrassimov leva la main pour le faire taire.

« Pas toi. Nous nous occupons de nos alliés. Tu as besoin de quels soutiens techniques de ma part ? »

L'interlocuteur du général sentit les gouttes de sueur perler sur son dos.

« J'ai souhaité l'aide de l'unité 54777. Je n'ai pas les équipes techniques compétentes. Des attaques vont viser les journalistes qui douteraient des capacités des manifestants à réformer le pays. Seulement des attaques ciblées parce que j'ai peur que les contre-mesures, si nous nous attachons aux organes nationaux, soient contre-productives. Souvenez-vous lorsque nous avons été attaqués par les Américains pendant la campagne, ils ont failli griller nos serveurs. »

Le général revint vers la grande table. Son regard tint celui du Pétersbourgeois jusqu'à ce que l'autre baisse la tête.

« Je suis d'accord. Trop tôt. Tu me feras la liste de tes cibles et je lancerai nos équipes. Sondeurs, syndicats, caisses de résonnance ?

— Groupes de presse ? »

Grychine montra une dentition blanche et forte.

« Notre associé est riche, presque autant que nous. Il est en train de s'offrir de quoi résonner plus que faire raisonner. Vous aurez aussi le support de nos organes de presse présents sur leur territoire. Ils reprendront vos informations et les développeront sur le terrain. Nous sommes très appréciés chez les Gilets, contrairement à la presse française.

— Puis-je savoir qui est notre mystérieux bienfaiteur ?

— Tu mourrais sur-le-champ de mes propres mains. Cette information ne t'apportera que l'envie de fuir au plus vite et disparaître pour que personne ne puisse jamais savoir que tu sais. »

La sueur redoubla d'intensité devant le regard de Grychine. Il sentit que son tee-shirt devait donner l'impression d'avoir subi une averse d'orage. Il eut honte de lui, de ne pouvoir se maîtriser.

Celui que j'appelais le Boss se leva, suivi du général.

« Bon, jeune homme, mes adjoints sont à ta disposition si tu trouvais une nouvelle idée. Je te laisse deux officiers supérieurs sur place. Ils serviront de relais entre tes demandes et l'administration. Tu gardes le contact avec moi pour le reste. Nous devons partir, maintenant. Tu te rends compte que tu n'as qu'une solution ? Gagner ! Si l'un de mes hommes m'apprend que tu as faibli, triché, manqué à tes devoirs envers la Russie, si tu te trompes ou que le travail de l'un de tes salariés se retrouve dans la presse, tu peux être certain que dans les minutes qui suivront tout ce que tu as créé, argent, société, famille aura disparu. Ensuite, il faudra que tu coures plus vite qu'une balle. »

À peine avait-il prononcé les mots que deux commandos entraient dans la pièce pour nous escorter jusqu'au bas de l'immeuble, dans le parking privé où personne, jamais, n'avait vu pénétrer un représentant du Kremlin.

Je n'eus pas le temps de saluer le propriétaire d'une société privée qui venait de renouveler un juteux contrat avec son pays. Nous fûmes accompagnés jusqu'au parking, où une nouvelle limousine nous attendait.

Le jeune homme, resté seul, ne put bouger de sa chaise pendant quelques minutes. Ses mains tremblaient et son doigt tellement humide de sueur ne parvenait plus à naviguer sur l'écran.

Il se demanda s'il était en danger de mort. Il tremblait en comprenant que la réponse était forcément dans la question.

Ce soir, il aurait voulu se saouler avec des amis après avoir joué dans son groupe de musique. Il n'en ferait rien. Il serait occupé toute la nuit à préparer la grande campagne de déstabilisation d'un pays.

Demain, la guerre commencerait.

Demain, la première neige transformerait aussi les trottoirs de l'ancienne Leningrad en couloirs de boue, que la pollution teinterait du noir du charbon.

Le léger tremblement de sa tablette le fit sursauter. Un message venait d'arriver.

Sa banque le prévenait qu'un virement de cent millions de dollars avait été accepté par les autorités du contrôle des changes. Il avait enfin les moyens de passer un cap, fort d'années d'expérience à aider ses clients à détruire l'image de leurs concurrents. Cette fois-ci, il allait transformer son entreprise en première société privée de guerre de l'information. Il préviendrait ses clients actuels que les contrats ne pouvaient être honorés. Un surcroît de travail inattendu. Les officiers de Guerrassimov sauraient les convaincre.

Ses jambes le soutenaient à peine quand il se leva. Il parvint à marcher quelques pas et à retrouver suffisamment de tonus pour passer la porte et hurler dans le couloir qu'une réunion était prévue dans la grande salle du dernier étage.

Sa secrétaire remarqua son teint blême. Il l'arrêta avant qu'elle ne fasse une remarque. Ils couchaient ensemble depuis quelques semaines et elle se permettait de plus en plus de remarques d'ordre privé.

« Tu commandes de la bouffe et de l'alcool pour les chefs d'équipe plus la dizaine d'invités qui arrivera dans la soirée. Je veux des casques de traduction pour chacun et des traducteurs français et anglais. Google Translate est interdit, trop surveillé par la NSA. Nous utiliserons notre propre outil de traduction.

— Pour quand ? »

Elle leva le menton pour s'approcher de son visage. Il se fit la remarque qu'il n'avait jamais couché avec une si jolie femme et oublia ses récriminations. Il l'embrassa.

« Dans une heure, là-haut. Pas un absent et assure-toi que les contre-mesures d'écoute soient efficaces. Envoie le chef de la sécurité vérifier. Allez, file, je dois me changer, je suis trempé.

— Veux-tu que je t'accompagne sous la douche ? »

Son sourire enjôleur s'accompagna d'un autre baiser.

Il ne répondit pas. Il se retourna et fonça vers son bureau. Il était capable de préparer une réunion de guerre en moins d'une heure et tous savaient qu'il ne négligerait aucun détail pour satisfaire son client.

Demain, il s'achèterait une Ferrari, un modèle quatre places, quatre roues motrices pour rouler sur la neige avec sa jolie secrétaire. Il roulerait aussi vite qu'il le pourrait.

CHAPITRE 6

Le partenaire et la e-réputation

« Donc, je suis votre partenaire financier et je vais me présenter aux présidentielles aidé par une armée de trolls et de fausses nouvelles qui descendront mes adversaires ? C'est bien ça ?

— Nous ne sommes pas tous les jours aussi caricaturaux, mais tu as raison sur ce point : pour toucher certaines parties de la population, il est plus important d'immiscer le doute que de prouver des faits. Les fameux biais cognitifs, mon ami… Plus facile au Président Trump de crier au complot chinois contre les élections qui l'ont fait perdre qu'aux responsables locaux, même républicains, d'affirmer que lesdites élections furent les plus sûres de l'histoire des États-Unis.

« Mais il se peut que nous ayons aussi des dossiers explosifs, des histoires à raconter qui ne peuvent l'être sans passer par des intermédiaires, nombreux. Qu'ils multiplient les textes de *debunking*, ils ne toucheront que ceux qui les lisent.

Les sources discréditeraient l'information ? Multiplions les sources. Tu réalises dans quel monde nous vivons aujourd'hui ? Celui de la Terre plate qui génère plus de *posts* que les sites parlant de la conquête spatiale. »

Nous avions quitté la ferme à trolls, laissant ainsi son jeune propriétaire découvrir ce que le capitalisme offrait de liberté en Russie quand le SVR était le seul actionnaire.

Nous étions tous les trois dans la limousine escortée par deux voitures chargées d'hommes armés.

Guerrassimov et Grychine me regardaient.

Ils se ressemblaient, sans partager aucun point commun physique. La force, l'attitude, la façon de me juger et d'être certains que j'avais compris qu'ils tenaient les fils du jeu de marionnettes de l'histoire du monde.

Le Conseiller se pencha.

Je reconnus le regard du Boss quand il avait une information vitale à donner à un collaborateur. Ce type d'expression qui vous fait comprendre que vous n'aurez pas deux occasions de l'entendre et de le comprendre.

« Il y a des années tu m'as rendu, sans t'en douter, un grand service. Te souviens-tu de tes achats immobiliers pour mon compte ? »

Je ne pouvais bien sûr l'oublier, et le Trésor US n'avait rien découvert de louche. Grychine me tendit le dossier qu'il extirpa d'une serviette au cuir élégant poinçonné aux armes du Kremlin. Je l'ouvris.

Il contenait des copies d'actes de propriété.

« Quand j'ai appris ta véritable identité, et non la jolie légende que le SDECE t'avait créée pour m'approcher, j'ai cu l'idée d'une méthode simple pour organiser ma sécurité future. Chaque fois que tu signais, mon notaire – qui t'accompagnait – enregistrait sous témoins toutes ces ventes. Nos vendeurs si serviles ne perdaient rien sur le coup, acceptant un acte qui produirait ses effets dans le temps. Quand je le décidais, des années plus tard, les documents étaient enregistrés. Cela nous a évité de perdre le trésor acquis par notre joli réseau quand il a fallu déguerpir. Tu signais tant de feuillets que tu ne les lisais pas. Les autres documents, ceux qui ne servaient qu'à te tromper, étaient aussitôt détruits. Dans les années qui suivirent, le clerc enregistra petit à petit toutes les transactions, faisant d'Achille de Beaujeu, brillant officier de l'armée française, l'un des plus riches propriétaires fonciers de la côte Est de l'Amérique. L'immobilier fut un excellent placement, parce que tu achetas ensuite, toujours sous la direction de celui que tu appelais le croque-mort, des sociétés dans la high-tech, dans la banque ou l'industrie. En direct ou *via* des fiduciaires opaques, mais toujours dans le cadre de montages expliqués et publiquement acceptés chez les fonctionnaires si vertueux du Trésor. L'Amérique garde toujours ce côté enfantin quand on lui parle de la liberté de propriété, et de la possibilité pour le propriétaire de garder l'anonymat. Tu as payé tant d'impôts que tu as même reçu le titre de citoyen américain. Tant de fonds ont financé les campagnes électorales que tu as été décoré et reçu dans les cercles les plus restreints. Avec toi, nous avons blanchi mon argent et, grâce à moi, nous avons bien géré ton patrimoine. Comprends-tu, maintenant ?

— Je suppose que les hommes qui me représentaient n'étaient jamais les mêmes, toujours proches sans jamais se ressembler ? Il y a tant d'illégaux que nous n'avons pas retrouvés, tant d'agents dormant qui rêvent que Moscou ne les a pas oubliés. »

Il acquiesça.

« Ils vieillissent comme nous, les officiers du Département K. Ils sont mes frères et je les ai dirigés. Quand ils me le demandaient, parce que la fin du communisme les rebutait plus que la gloire de la Russie, j'ai fait disparaître leurs dossiers, sans états d'âme. Ils avaient servi plus que n'importe quel citoyen de l'URSS en abandonnant leur vie, leur histoire. Ces affaires-là représentaient un passé qui ne reviendrait jamais.

— Pour solde de tout compte, ils te devaient – ils te doivent pardon – des services.

— Tu ne quittes pas le service. Seulement, ils savent que jamais plus ils seront commandés par des paresseux, des imbéciles carriéristes qui leur feront risquer leur vie pour satisfaire les caprices d'un fonctionnaire de Moscou persuadé que l'Amérique va lâcher la bombe atomique sur la Russie et que le monde entier s'arme contre elle. La paranoïa sert les carrières des chefs des services de renseignements. »

La tête me tournait, mais je savais qu'il n'y avait pas de poison derrière cet état, seulement que le tireur qui m'avait alors visé n'avait jamais eu l'intention de m'abattre. Sans m'en rendre compte, je touchais les cicatrices sur ma poitrine.

Il suivit mon geste.

« Celle qui a tiré sur toi était la meilleure tueuse à gages de l'époque en contrat avec toutes les factions de la guerre froide. Facturant ses missions des millions de dollars. Une formation dans des cirques, où elle pouvait mesurer son talent de tireur d'élite en relevant des challenges sans aucun trucage. Elle savait qu'ils te sauveraient. Le choix tactique de l'endroit du tir à moins de cinq minutes d'un hôpital militaire spécialiste des blessures de guerre était sa seule condition. Quand je te disais que tu me devais une vie, mon ami, je ne mentais pas. J'ai mystifié ma hiérarchie de l'époque parce que je tenais à toi et que tu pouvais changer le monde avec moi. Le temps est venu. Sans moi, tu serais mort. Tu le peux maintenant. »

Je lisais, au bas du feuillet, le montant total des avoirs. Je comprenais que les unités écrites comptabilisaient non pas des dollars, mais des millions. J'étais, aux yeux du fisc américain, riche à milliards et je payais, rubis sur l'ongle, tous mes impôts.

« Tu ne peux imaginer ce qu'investir quelques dizaines de milliers de petits billets de l'époque dans toutes les start-up qui se créaient, représente aujourd'hui en centaines de millions. Certaines ont disparu, vendues avec de fortes plus-values, d'autres sont devenues les géants du monde économique d'aujourd'hui. Un pour cent des mille milliards de Microsoft, ça te parle ? Quelques pour cent d'Apple, de Tesla ? Une bouchée de pain à leur création. »

Le militaire se pencha vers moi à son tour.

« Nous ne vous parlons pas d'une opération du SVR ni d'aucun autre service, vous devez le savoir. Nous voulons changer l'Histoire, ici et en Europe. Pas d'idée d'hégémonie. L'idée simple et exaltante de construire un monde nouveau. Un plan pour changer, pour placer des hommes libres, mais avec le sentiment d'appartenir à un ensemble dirigé vers un but identique. Nous avons des hommes partout des deux côtés de l'Atlantique. Nous dévasterons les élites pour servir les peuples. Nous ne lésinerons pas sur les moyens politiques pour qu'ils œuvrent dans tous les domaines : l'économie, l'écologie, le renouveau d'une planète martyrisée qui ne peut aujourd'hui s'en sortir que par la guerre. Finie, la gabegie des aristocraties politiques et financières. Pensez à tout cela ce soir. Nous aurons le temps d'en discuter avec quelques ténors internationaux qui pourront témoigner que nous ne servons pas la cause russe. Nous ne serons pas nombreux, une dizaine : des savants, des économistes, des chefs d'entreprises dans le spatial et l'industrie du futur. Igor vous a promis un dîner impérial et vous serez comblé. Nous allons au château passer la soirée à la table de notre chef, Vladimir Vladimirovitch, qui ne sera pas présent. Et pour cause, jamais il ne sera informé. Après, vous prendrez votre décision de garder ou non une partie non négligeable de votre fortune. Cet argent nous servira, en cas de menaces de votre part, de levier pour vous faire taire. Il nous suffira de dénoncer vos avoirs pour détruire votre légende d'honnête homme que vous avez mis une vie à créer. Comment vous jugerait votre administration si elle apprenait que vous vous êtes enrichi en secret pendant votre infiltration aux États-Unis ? Nous créons une légende sur internet, et elle sera votre mort ou votre réussite grandiose.

Vous connaissez sans aucun doute cette nouvelle science de la e-réputation : nous ferons tout et le contraire avec des données que vous ne possédez même pas. »

Je ne parvenais plus à réfléchir.

Le Boss était toujours le maître de la cérémonie du grand jeu. Je ne pensais qu'au sourire angélique de la doctoresse, qui me faisait passer un message sur un bout de papier. Un constat s'imposait : nous étions des amateurs, incapables de contrer une opération d'une telle envergure. Même le général Carignac n'aurait pu, dans son fantasme le plus fou de maître espion, imaginer un montage sur un aussi long terme. En désespoir de cause, je tentais une dernière remarque.

« Mais je ne vois qu'une faille à votre belle mécanique. Je ne me présente pas, je suis seulement dans l'équipe de mon ami Hector Nantier, l'ancien ministre de la Défense, le seul dont la notoriété sous deux présidents est restée intacte. Le seul capable de gagner les prochaines élections. »

Ils se regardèrent. Les deux hommes devant moi sourirent comme par mimétisme, navrés.

J'étais un idiot. Le Boss me tapota le genou.

« Il n'ira jamais au bout de la campagne, man. Sous l'excuse de l'âge et de la fatigue d'une longue maladie, il t'accompagnera et te désignera comme son dauphin. Un homme irréprochable, connu pour avoir rendu tant de services à la nation, sans comparaison avec les challengeurs présents. Il n'a qu'un défaut dans son joli curriculum vitae qui a, au contraire de ce que tu aurais pu penser de nous, justifié notre préférence. Nous sommes allés te chercher toi plutôt que lui parce qu'il était traité par le KGB depuis cette époque où une frange de vos intellectuels, hommes de gauche comme gaullistes, refusaient de choisir entre deux maux : l'impérialisme américain ou le totalitarisme soviétique. Nous les pêchions alors sous faux pavillons et ils nous servaient à rééquilibrer le monde. Ton ami au-dessus de tout soupçon fut un traître à son pays. Le SVR le sait et ils le feront chanter, tôt ou tard. Nous avons tout organisé pour le réveiller avant qu'eux ne le traitent, comme ils le firent sur une partie (non négligeable) de l'administration Trump. S'il est un homme d'honneur, alors il saura ne pas devenir la proie de toutes les pressions extérieures. S'il ne l'est pas, alors le dossier sortira et le détruira. »

J'étais glacé, une sueur froide coulait dans mon dos. Je soufflais à les entendre m'expliquer qu'il n'y aurait aucun décès brutal libérant la voie à ma candidature. Je souffrais en même temps devant ce déballage de moyens mis en œuvre pour empêcher un homme bien d'accéder au pouvoir et de changer la nation.

Nous roulâmes en silence, qu'aucun d'eux n'osa briser. Je pensais à Carignac, qui m'avait jeté dans une machination qui nous dépassait. Il n'avait jamais évoqué qu'il offrait, en m'immolant, la France à une nation étrangère.

CHAPITRE 7

Hector Nantier

Hector Nantier, ex-député, sénateur et ancien ministre, était tombé amoureux au premier regard.

Et son monde avait basculé en un clin d'œil.

Il ne comprenait pas son état. Il connaissait son épouse depuis 1968. Ils avaient dix-huit ans. Pas une tromperie, de l'amour, de la tendresse, jusqu'à ce matin. Jusqu'à ce qu'il croise ces yeux noirs au milieu du gris de la foule tassée dans l'autobus. Le voile était tombé, ou plutôt un rideau de folie.

Ils n'avaient pas dévié leurs regards.

Elle était descendue après un petit signe timide de la main. Ses longs doigts portés jusqu'à la bouche dans un baiser fictif. De petites rides s'animaient au coin des yeux, deux tourmalines aux reflets changeants, soulignées par de longs cils travaillés au mascara.

Il avait rougi, lui, le vieux politique habitué à toutes les rencontres, à toutes les tentatives de séduction.

Il avait des tonnes d'anecdotes à raconter sur sa vie. Des croustillantes et des tristes, mais là, debout, la main sur la barre métallique, ballotté par les mouvements du bus et secoué contre les épaules des gens pressés, il était redevenu un adolescent sans expérience.

La femme avait disparu, alors qu'il espérait encore.

Le chauffeur avait accéléré vers la station suivante et il avait cru défaillir. Le cœur emballé de ne pas l'avoir suivie, de n'avoir pas osé sortir de son rituel du matin, le quart d'heure sur la ligne 54 pour acheter sa baguette, puis aller boire son café au bar et y payer ses cigarettes de la journée.

« On ne suit pas une inconnue avec une baguette à la main », se dit-il.

Il ricana en silence et son voisin lui sourit.

Le bonheur est transmissible comme la dépression, comme tout d'ailleurs sauf la beauté et l'amour, pensa-t-il. Il se sentait mieux, tout d'un coup. Il sortait d'un mois compliqué. Une période au cours de laquelle il avait compris que la course exaltante qu'il envisageait ressemblerait plutôt à une guerre. Une guerre totale contre des adversaires professionnels, des partis rodés à détruire pour gagner. Il avait un peu douté, pensé à renoncer, avant de se reprendre et de se concentrer. Dans quelques jours, il ne prendrait plus son bus préféré parce qu'il aurait libéré la meute sur lui et sa famille. Il serait accompagné de gardes du corps. Sa vie serait décortiquée. Il ne dormirait plus. Il serait entouré de conseillers et de beaux parleurs, d'intrigants et d'opportunistes. Il passerait de plateau de télévision en studio de radio. Ceux qui l'entouraient aujourd'hui constateraient qu'il était un homme ordinaire avec ses habitudes de Parisien de la Butte Montmartre, un homme qui avait dit adieu à la vie simple du retraité.

Il avait compris pour la première fois de sa vie qu'il allait affronter une épreuve que seuls quelques-uns réussissaient à gagner. Il s'était senti, pour la première fois de sa vie, faible et désemparé.

Il subissait la pression et les attentes de ses proches qui l'encourageaient à se porter candidat. Il était légitime, il avait servi pendant dix ans l'ancien président. Il s'en remettait à la chimie pour qu'elle l'aide à faire fuir la dépression, à ne plus s'apitoyer sur son sort. Un premier secret à protéger : ces pilules fournies par un pharmacien ami et discret.

Des proches le suivraient et des financements soutiendraient sa campagne éclair. Il recevrait l'aide de banquiers qui le connaissaient pour n'avoir jamais rien perdu dans une carrière longue et risquée politiquement. Les cautions industrielles n'avaient pas été compliquées à réunir. Il avait enrichi tant d'entreprises et d'intermédiaires sans jamais rien demander en échange qu'ils avaient accouru sans hésiter. Trop heureux de figurer parmi les heureux élus qui participeraient aux futurs tours de table du prochain quinquennat.

Son esprit se remémorait ce coup de fraîcheur alors qu'il profitait d'une de ses dernières journées de liberté. La femme n'était pas jolie, mais attirante, plus qu'il ne l'aurait imaginé, s'agissant d'une rencontre furtive.

Et puis, qu'aurait-il répondu si elle lui avait rétorqué qu'il se méprenait, qu'il avait mal vu, rien compris de son insistance : « Rien à voir avec vous, monsieur, je saluais mon amant. L'homme debout juste dans votre dos. »

Il regarda derrière lui.

Un vieux moche dans la ligne de visée. Un lunetteux qui sentait le poisson. Manteau élimé et chaussures râpées. Un nœud papillon qui n'avait pas quitté son col de chemise depuis un millénaire dans un de ces tonneaux de fermentation dont raffolent les Chinois. Le type fixait les seins s'échappant du décolleté de la fille assise sur le strapontin contre lequel il essayait de se coller.

Non, vraiment, la femme ne pouvait être l'amante d'un mérou. Le passager avait dorénavant un nom. L'un de ces pseudos amusants, dont la DGSE avait le secret, et que l'on devait à des agents un peu trop fatigués lui avait confié son ami Achille de Beaujeu. Il croquerait le mérou dans les pages de son journal. Quand l'ancien ministre écrirait sa biographie, comme tout président s'en fait un devoir. Il laisserait sa pensée à l'Histoire, passant ainsi de l'homme d'État au statut inattaquable de l'écrivain.

Ses épaules se soulevèrent à nouveau à la pensée d'une séance sadomaso entre le mérou et la beauté qu'il venait de remarquer. Dans le bus, une autre personne avait reconnu l'ivresse du coup de foudre. Elle amorça un sourire sur un visage fermé qui trahissait la fatigue.

Le bus s'éloignait, montait vers la basilique. De toute façon, il n'aurait pas eu le temps de descendre.

Un reste de la distanciation sociale imposée par quatre vagues de pandémie de la Covid 19.

Malgré la vaccination, les visages restaient masqués. Il faudra encore des années avant que les Français renouent leurs liens sociaux. Incapables de proximité physique, de se serrer simplement la main, sans parler de s'embrasser devenu presqu'un crime.

Hector Nantier avait soixante-neuf ans.

« L'année folle », lui avait promis son épouse en chantonnant façon Jane Birkin. Grand, élégant, toujours sur la défensive, il était prêt à exécuter son interlocuteur d'une blague assassine à la moindre occasion.

Il vivait entre la campagne normande et son appartement parisien de la butte. Seule négociation réussie dans son couple pour lui éviter de mourir de vieillesse en cultivant des citrouilles et des rutabagas.

Il avait renoncé à tout mandat, trop concentré à recréer un semblant de stabilité familiale après toutes ces années à servir. Jamais présent, toujours en voyage.

Mais la politique lui manquait. Il avait la possibilité de donner un coup de pied dans la fourmilière, comme le président actuel l'avait fait. Ce dernier le soutiendrait.

Un autre sourire, et il comprit que le retraité l'avait reconnu quand il retira sa casquette comme s'il rencontrait un évêque ou un maréchal de France.

Les gens n'osaient l'aborder et il s'en félicitait. Un privilège qui lui permettait d'utiliser les transports publics quand il n'avait pas d'urgence, plutôt que le véhicule avec chauffeur que son ancienne position lui offrait à vie.

Il descendit du bus qui s'arrêta au pied de son immeuble, puis décida de remonter vers le square pour griller une cigarette avant de rentrer.

Il était d'humeur à remuer les vieux souvenirs.

Son épouse, Christine, était une professeure de français à la retraite. Son temps était occupé par une fratrie qui vieillissait, et dont elle était la benjamine. Elle était aussi correctrice pour de grands éditeurs. Sa vie n'avait pas eu le flamboyant des voyages et des aventures de son mari, mais tous les deux avaient trouvé un équilibre, définition selon eux du bonheur.

Il était même devenu grand-père, nounou à temps partiel des mioches de ses enfants, quand ces derniers voulaient s'évader ou baiser en paix. Les Chicoufs étaient arrivés dans leur vie : « chic, ils arrivent, ouf, ils sont repartis. »

« C'était plus facile à notre époque ! Pour avoir la paix, il suffisait de vous faire boire un verre de rhum et hop tout le monde au lit. La recette était même recommandée par les pédiatres ! »

Le soleil se levait, au-dessus des arbres du square. Une odeur de printemps dans le bruit de la ville, tout ce qu'il aimait.

Hector s'assit sur le banc sous le grand tilleul et alluma sa première Marlboro de la journée avec l'habitude du fumeur. D'une aspiration, il faisait disparaître la moitié du tabac d'un seul coup, juste pour calmer le manque. Transmutation du feu en plaisir addictif.

L'abstinence jusqu'au café du matin, au bar du bas de la Butte Montmartre. À la même heure, trente ans plus tôt, il aurait déjà bien entamé sa cartouche de Gauloises.

Il croqua le quignon de la baguette directement, goulûment. Il avait faim comme s'il avait fait l'amour. Ses mains tremblaient un peu, son plexus était dur comme celui d'un boxeur entraîné.

Il essaya de faire le point sur la rencontre du jour, ces quelques secondes qui avaient changé sa journée.

Elle devait être plus jeune que lui, peut-être la cinquantaine bien tassée. Un joli corps, longues jambes et poitrine opulente, cheveux coupés courts légèrement auburn.

L'opposée de sa Christine. Son épouse était petite, plate, d'allure sportive bien qu'elle n'ait jamais pratiqué la moindre activité sportive. Des biceps durs comme de l'acier, un cul musclé qu'il adorait.

Il alluma une deuxième cigarette quand une petite vieille tenta de s'asseoir à ses côtés. Il lui tendit son pain déjà bien entamé. Elle le fusilla du regard et s'en alla plus loin.

Il écrirait plus tard une petite nouvelle qui entretiendrait le fantasme. Dans cette version, il avait eu le courage de suivre la dame, de lui rendre son baiser avant de l'aimer sous un porche.

Ensuite, seulement, il lui demanderait son prénom. Christine n'en saurait rien. Juste une aventure, une pulsion, un poème d'amour au seuil de la vieillesse.

Mieux qu'une pilule pour se réveiller sans le cafard et s'endormir sans de nouveaux cauchemars.

Une médication contre l'ennui, un remède pour commencer à noircir les pages d'un manuscrit de la vie réelle qui fera date dans les recueils de l'histoire contemporaine.

Surtout pas un mot d'explication sur ses yeux brillants. Sa femme le remarquerait forcément, quand il déposerait ce qu'il restait de la baguette qu'il avait bien entamée. Juste un baiser sur le front et le récit du voisin derrière lui, celui qui sentait le mérou frelaté et matait la mignonne au joli échancré. Il l'avait rencontré plusieurs fois sur la ligne.

Un de ces obsédés qui avait flairé une proie, mais sans jamais s'approcher de crainte de se faire attraper.

Il regarda le malheureux bout de pain qu'il tenait dans la main. Il éclata de rire si fort qu'un couple de pigeons amoureux s'envola en poussant ce qui ressemblait à des cris de colère. La vieille qui s'était postée un peu plus loin sursauta et s'enfuit en le maudissant du poing.

« Tiens, ma douce, je suis passé chercher le pain », dirait-il à Christine en laissant tomber dans la corbeille un bout informe, juste bon à affamer les moineaux.

Le reste serait son secret. Il ne risquerait jamais sa vie présente, ces petits riens de bonheur, contre un hypothétique lendemain qui chante.

CHAPITRE 8

Black Blocs

Ils s'étaient déjà rencontrés en Ukraine, un an avant la guerre. Certains étaient russes, d'autres nés dans l'une des anciennes républiques de l'URSS, qu'ils aimaient appeler provinces de Russie.

Ils avaient tous des histoires et des vies différentes, mais avaient été recrutés pour une raison unique : ils aimaient se battre. Repérés dans les manifestations d'extrême droite ou anarchistes, ils avaient, après une formation, été intégrés dans les rangs du GRU, le renseignement militaire extérieur de la Russie.

Le plus important était l'ordre principal qu'ils avaient reçu. Ne rien changer à leurs habitudes, rester dans les mêmes groupes et attendre que Moscou décide de leur terrain de guerre.

Le plus jeune avait vingt ans et le plus vieux, un vétéran, trente. Ce dernier se rasait le crâne pour les manifestations.

On pouvait lire sur la peau huilée au-dessus d'un svastika nazi *Meine Ehre heißt Treue* le slogan de la SS d'Hitler.

Sa dernière mission pour le renseignement russe s'était déroulée en Ukraine. Comme la moitié de ses camarades de jeu répartis dans cinq trains et dix autocars différents en provenance de Zurich, Munich, Triest et Rome, il avait été engagé, non pas du côté de la rébellion indépendantiste de Crimée, comme ses collègues du GRU en uniforme, mais dans les heurts et les manifestations de Kiev. Il avait infiltré les ultras, participant à tous les heurts qui éclataient avec les forces policières.

Surtout, il avait ouvert des comptes en banque, qui permettraient à la Russie de dénoncer les ennemis de la patrie. De quoi démontrer, en effet, que les financements des actions menées contre le pouvoir prorusse de Ianoukovitch étaient alimentés par le financier George Soros notamment, le nouveau diable, le premier de ses ennemis.

Toute la manœuvre de désinformation russe avait été axée sur ses groupes paramilitaires. La révolution orange avait fait l'objet de nombreux reportages, présentée comme une renaissance du fascisme. Ainsi, la force de la démocratie apparaissait comme étant du côté de la Russie.

La *maskirovka*, ou l'art de la déception en Occident, du latin *deceptere*, c'est-à-dire tromper, abuser et attraper, était devenu l'élément clé des déstabilisations menées au-delà des frontières.

Assis en première classe, il avait les cheveux coupés en brosse et portait de fines lunettes pour lire un énorme ouvrage sur Kant. Il avait l'intention de visiter Paris et retenu, *via* une plateforme de location en ligne, un appartement luxueux situé sur les Champs-Élysées.

Il savait que les clés avaient déjà été récupérées par une étudiante Australienne en doctorat de philo à la Sorbonne, en place depuis deux semaines et en charge de regrouper les armes et les moyens logistiques nécessaires à une montée en puissance des manifestations.

Ils seraient au centre de l'événement. À l'intérieur du dispositif policier. Personne ne viendrait les chercher dans cet immeuble huppé. Ils frapperaient par petits groupes, puis se replieraient à l'abri, en attendant que la violence qu'ils avaient installée retombe. À ce moment-là, ils frapperaient à nouveau.

Il sourit à sa voisine qui avait accepté son invitation à dîner dans un grand restaurant de la capitale française. Ce soir, il dormirait à l'hôtel de Crillon en bonne compagnie.

CHAPITRE 9

Infox meurtrière

Il disait s'appeler Éric et se prétendait étudiant en quatrième année de médecine à Bruxelles.

Il était arrivé aux aurores, quand les manifestants étaient encore à bord des véhicules qui les mèneraient vers un nouvel Acte des samedis des Gilets jaunes. Les manifestations avaient repris alors que la campagne des présidentielles venait de démarrer.

Il appartenait à une cellule *street-medic* auto-organisée depuis la révolte de la ZAD de Nantes. Il y avait été vu prenant soin des blessés.

Son cas avait questionné un jeune lieutenant de police de la DGSI fraîchement sorti de l'école. Après un diplôme de psychologie et un autre de langues étrangères, il avait été recalé à l'examen d'entrée à la DGSE. Il aurait rêvé devenir un nouveau Kim, voyageant entre l'Inde et le Moyen-Orient et camouflé dans une vieille djellaba.

« Éric est un sujet d'étude passionnant pour nos services », avait-il expliqué à son chef. Il l'écoutait d'une oreille discrète tout en pensant, souvent à haute voix, que les recrues étaient de plus en plus jeunes et surtout « très cons », de moins en moins armées à se défendre contre la racaille. Bref, selon lui, le Service ne tenait plus qu'avec une poignée de vrais hommes trop proches de la retraite.

D'un mouvement souple de la main et d'un « allez-y, mon vieux, faites-vous plaisir, mais pas de notes de frais », il avait enfin réussi à se débarrasser de l'opportun. Qu'avait-il à faire de ce gamin qui s'asseyait sur un coin de son bureau pour lui résumer la « sociologie des foules et la dynamique de l'entraînement solidaire quand la non-violence entraîne le chaos » alors qu'il était en plein travail de démontage d'une filière djihadiste ? Et en retard pour son déjeuner.

Le jeune policier avait l'intuition, pourtant, qu'il avait repéré l'une des plus grandes erreurs du traitement de la radicalisation collective par l'administration. Il avait étudié l'auto-organisation des années 1970 et la discipline des supports logistiques, financiers et humains des départs en zones de guerre pour défendre le califat.

Il s'était interrogé sur les erreurs commises. Pourquoi avoir attendu que des milliers d'étrangers se soient retrouvés les armes à la main contre leurs propres armées en Irak ou en Syrie – et ce en quelques semaines – pour que les services entament un véritable travail de pistage de leurs routes d'exfiltration, d'identification de leurs contacts et de leurs soutiens financiers ? Comment autant de soldats russes, en uniformes ou en civil, avaient pu s'infiltrer si loin derrière les frontières ukrainiennes sans que les médias internationaux, pourtant présents sur place avant la guerre de Crimée, s'en alertent ?

Le mouvement des Gilets jaunes lui rappelait des méthodes et des visages aperçus sur les milliers d'images et de films ingurgités au stage d'intégration. Ceux-ci expliquaient la gestion des alertes par la connaissance du catalogue – « la rue, les gars, la rue ! » – des familles, des clans, des dogmes et l'idéologie thuriféraire de la destruction de la nation.

Il s'en était confié à son binôme, un capitaine qui, par chance, s'était spécialisé dans les mafias russes et leurs nouvelles dimensions de la guerre Cyber. Une filiation compliquée. Un père légionnaire né à Moscou, une mère qui ne connaissait pas son lieu de naissance, mais parlait et écrivait le cyrillique quand les sœurs dominicaines de Toulon l'avaient sortie de la rue alors qu'elle était adolescente.

« Tu vois, là, j'ai un cas d'école intéressant. Le type est bien belge, j'ai vérifié, mais il a autant mis les pieds dans une faculté de médecine que moi au Séminaire de Versailles. Cependant, et tu vas apprécier, il est fiché au SGRS. »

L'autre aimait bien l'idéalisme dont faisait preuve son collègue. Il devait penser, comme lui à ses débuts, qu'il allait enfermer tous les méchants derrière les barreaux parce qu'il travaillerait vingt heures sur vingt-quatre, quitte à dormir dans la salle de repos encombrée de ronfleurs.

« Suivi ?

— Trop de voyages au Moyen-Orient et en Russie, pour tourisme, sans financement connu. Et on le retrouve dans la ZAD de Nantes, puis dans les *street-medics*. Tu en penses quoi ?

— Avant de t'emballer, tu n'ouvres pas de dossier, tu le gardes dans un coin de ton cerveau et tu passes à un boulot plus urgent. Même si le patron t'a laissé carte blanche pour t'éloigner, toi et tes théories sur la psychologie des foules. Tu vois de quoi je parle ? »

Le sourire avait provoqué la surprise, puis l'hilarité du plus jeune. Il avait écrit le nom et le prénom d'Éric sur un Post-it et s'était replongé dans le classement des fiches des blacks blocs étrangers entrés en France depuis quelques semaines.

Ils suivaient les informations de RT France qui diffusait en direct, et en boucle, les images d'une foule déchaînée saccageant les rues d'une ville du sud de la France. L'antenne locale des renseignements généraux les avait informés d'une intrusion, parmi les casseurs, d'anarchistes étrangers venus fracasser du flic et détruire des symboles du capitalisme.

Leur discussion de la veille était encore fraîche quand ils virent à l'écran leur secouriste filmé par la chaîne russe. Il apparaissait secoué, énervé, les mains en sang.

Il racontait que son équipe avait tenté de réanimer une femme d'une vingtaine d'années touchée par un projectile non performant « qui lui avait écrasé une partie du crâne. Elle est morte, évacuée par les pompiers ».

Il laissait ensuite couler quelques larmes et reprenait :

« Nous sommes à quatre morts depuis ce matin. J'ai vérifié auprès du Samu et le médecin a appelé la préfecture devant moi. » La scène se terminait par le départ du secouriste qui filait dans la foule.

Le capitaine se jeta sur le téléphone et fit signe au lieutenant de s'approcher. Il actionna le haut-parleur.

« Salut, nous sommes en train d'écouter les nouvelles. Je viens d'apprendre la mort de manifestants ?

— Pas au courant, aucune remontée de la part de la préfecture, ni du ministère.

— Tu peux vérifier auprès de nos services de veille sur Internet ? »

Leur interlocuteur laissa le silence s'installer. Le jeune lieutenant en profita pour se jeter sur son ordinateur et lancer une procédure de surveillance du jeune infirmier. Le capitaine leva le pouce en signe d'encouragement.

« Confirmation : aucun décès. En revanche, déchaînement sur les réseaux sociaux des manifestants, dont un de leurs journalistes-citoyens déclarant avoir reçu l'information « de la bouche même d'un officier de gendarmerie ». La préfecture émet un démenti à notre demande. Pour ce que ça servira… Nos collègues vont avoir un coup de chaud sur place. »

Il coupa la communication et les deux hommes se jetèrent sur leur téléphone à nouveau. Le plus jeune contacta son homologue sur place et lui indiqua le lieu et l'heure de l'interview : « Tu me retraces son itinéraire et tu ne le lâches pas. Il déambule dans la ville de France la plus surveillée par des caméras. »

Le capitaine était déjà en grande discussion avec son chef. Il lui raconta leurs doutes à eux deux. Ils voyaient monter une belle manœuvre de déstabilisation et ils réclamaient des moyens en hommes pour suivre discrètement Éric : une chance incroyable pour démonter une filière en prenant en flag un de leurs opérationnels.

Quand il ajouta que l'homme avait voyagé une dizaine de fois à Moscou et à Saint-Pétersbourg rien que l'année précédente, il reçut l'aide qu'il demandait.

La cellule Street Merdic était née. Il rirait souvent de la trouvaille, quand les dossiers seraient lus au plus haut niveau de l'État.

CHAPITRE 10

Le coup de foudre

Quand Hector Nantier, l'ancien ministre de la Défense, passa le porche de son immeuble, l'autobus arrivait. Le pervers était déjà là.

« Le Mérou est au travail. Il marine peut-être ici à l'année », pensa-t-il en grimpant à bord, amusé de constater que le vicieux était présent, le matin et l'après-midi. L'homme avait détourné la tête quand il l'avait regardé. Il visait un siège occupé par une quadragénaire plantureuse.

« Tiens, comme on se retrouve. »

La voix était basse, un peu essoufflée, celle d'une fumeuse. Une femme était montée derrière lui, juste avant la fermeture des portes. Elle lui avait chuchoté dans l'oreille. Elle continua :

« Je ne sais pas si vous vous souvenez, c'était il y a trois jours. Nous avons souri tous les deux aux manigances du pervers. Je sais depuis, par le chauffeur, qu'il n'est pas méchant. Il ne touche ni ne s'approche des femmes qu'il mate.

Il se rince juste l'œil, et seuls nous trois, je pense, avons remarqué son manège. Je suis Odile. »

Il se retourna, un peu trop brusquement. Il avait eu des frissons dans tout le corps en entendant sa voix. La main était tendue, elle était devant lui. Sa migraine disparut d'un coup. Il sentit monter une bouffée de chaleur à en trembler de la tête aux pieds. Il regardait le gant fin qui dissimulait de longs doigts aux ongles manucurés qu'il gardait précisément en mémoire.

« Vous ne vous rappelez donc pas ? J'ai pourtant souvent pensé à vous. Seulement en bien ! Ne vous méprenez pas ! Nous avions trouvé une méthode d'écriture des mots par le regard. C'est ma première expérience de télépathie, et je rêvais que vous me l'enseigniez. »

Un nid-de-poule sur la route le poussa furtivement contre elle. Elle sentait le savon frais, pas la lavande de Christine qui la fabriquait elle-même avec les herbes qu'ils rapportaient du sud chaque été.

« Mais, si ! Je ne peux vous oublier ! Je veux dire, oublier ce petit intermède si sympathique. Je suis juste surpris. Mais oui, nos regards et votre petit geste pour me dire au revoir. J'ai cru qu'il y avait quelqu'un d'autre derrière moi et que vous l'aviez salué ! »

Le clin d'œil d'Odile désigna le Mérou. Ils éclatèrent de rire.

« Impossible ! En effet ! Oui, c'était lui dans votre ligne de mire. J'avais espéré aussi vous revoir, mais vous n'empruntiez plus cette ligne. Donc, bonjour Odile, je suis Hector.

— Je suis ravie, Hector. J'ai reconnu, sans hésitation, le célèbre homme politique disparu des médias assez brutalement avant la fin du deuxième quinquennat de notre président. J'avoue ne pas avoir voté pour lui, ni pour l'autre cinglée, d'ailleurs. Vous êtes donc en vie, en bonne santé et perdu dans la foule anonyme des transports publics. Voilà, nous avons officiellement fait connaissance. Et si nous échangions nos coordonnées ? En espérant vous revoir, car je vous abandonne à la prochaine station. »

Il descendit en même temps qu'elle. Il n'avait plus l'excuse de la baguette dressée comme un fleuret entre eux deux.

Ils discutaient sans arrêt de tout et de rien, de littérature et de souvenirs des rencontres d'Hector avec les hommes influents du monde entier.

Odile l'écoutait, les yeux brillants.

Elle l'interrompait pour obtenir un détail croustillant, dont ils riaient ensuite tous les deux.

Hector lui avoua qu'il comprenait mieux pourquoi son visage réveillait des souvenirs. Elle était de ces femmes croisées lors des longs trajets des caravanes des tournées diplomatiques, loin des familles, quand les fantasmes ne rejoignaient jamais la réalité.

Odile lui confia qu'elle avait été mariée à un journaliste tué par un tir de sniper pendant la première guerre d'Irak. « Je me souviens de lui », mentit-il en s'exclamant de suite qu'il la reconnaissait pour l'avoir soutenue quand son mari avait été rapatrié.

Il inventait, ajoutant du tragique à leur soudaine intimité.

Elle disait soudain se souvenir de lui, alors député ou sénateur, pas encore connu du grand public. Elle mit la main devant la bouche et parvint à articuler un « c'était donc vous ! » poignant.

marchèrent jusqu'à un banc, sans cesser de parler,
s de mots. Ils se racontèrent leurs aventures com-
, leurs vies divergentes. Leurs histoires se croisaient
loignaient pour se retrouver, si proches, qu'ils se se-
t reconnus s'ils s'étaient croisés dans un train ou un
cert. Ils étaient attirés l'un vers l'autre et partageaient
même souvenir d'apaisement d'une âme déchirée par la
uleur et la tristesse.

Odile fumait aussi vite que lui. Il allumait les cigarettes
qu'il portait à sa bouche avant de les lui tendre. Bientôt,
leurs réserves furent épuisées. Quand ils se mirent en quête
d'un tabac, il était tard.

Odile écrivait aussi. Une dizaine d'ouvrages, surtout de
la poésie. Hector fut émerveillé et elle sûre de leurs destins.
Quand elle lui révéla le nom de son éditeur, il s'exclama en
la prenant dans ses bras.

Christine, son épouse, était sa correctrice ! Elle ne pouvait pas le savoir, car elle utilisait son nom de jeune fille de
crainte que la carrière d'Hector n'empiète sur la sienne.

Odile appréciait l'humour et la gentillesse de l'épouse de
l'ancien ministre. Leur rencontre était donc inévitable.

Odile connaissait un petit hôtel qui vendait des cigarettes. Son bar restait ouvert jusqu'à tard dans la nuit.

Il n'avait pas d'horaire à respecter, Christine était en
Normandie. Odile, non plus d'ailleurs.

Ils burent une bière et une autre, toujours insatiables
d'échos du passé et de se connaître. Elle avait oublié son
rendez-vous. « Rien d'important, juste une visite chez
l'ophtalmo. J'ai attendu six mois pour obtenir une place ! »
avoua-t-elle en riant.

Elle avait dix ans de moins que lui, et son visage était parcouru par un réseau de rides charmantes, qui s'étiraient quand elle riait. Il avait perdu la notion du temps.

Elle lui avoua qu'elle aussi était mariée, et qu'elle trouvait Hector plus beau au naturel. Bien mieux que sous les spots des télévisions. Il se moqua d'elle en montrant son ventre.

Elle rit à se plier, à s'en approcher et ils s'embrassèrent.

Ils étaient loin de chez eux. Ils étaient libres, abandonnés quelques jours par des conjoints occupés.

Ils firent l'amour ce soir-là dans l'hôtel de charme. Sans cacher au réceptionniste qu'ils fautaient pour la première fois, ils se demandaient en riant s'il était raisonnable de régler en carte bancaire ou s'il était préférable de payer en liquide pour échapper à la police des mœurs.

Il leur tendit une clé en leur souhaitant une belle nuit de noces. Il ne dirait rien à personne, ni même à la patronne qui était absente. Ils n'auraient rien à payer de plus s'ils ne touchaient pas au minibar. La suite présidentielle était libre et la nuit était courte. Il n'y avait jamais eu de président dans le lit, juste des amoureux de passage.

Hector porta Odile pour passer le seuil de la porte, par chance sans se bloquer le dos. Ils passèrent la nuit l'un contre l'autre et descendirent sur la pointe des pieds au petit matin en se tenant la main. Le réceptionniste dormait, affalé sur sa chaise. Nantier glissa deux gros billets dans la poche de sa chemise, Odile au bord du fou rire devant les grimaces de son amant qui enfonçait l'argent tout doucement pour ne pas le réveiller.

Elle marchait nu-pieds dans la rue et ils chantèrent des tubes de leur jeunesse. Puis vint le moment de la séparation.

leurs appartements respectifs, ils se jurèrent un si-
solu et un amour éternel.

'engouffra dans un taxi en maraude pendant que
it dans le premier bus. Il était seul, ivre de bonheur.
ien homme d'État avait retrouvé, sans la chercher,
fougue amoureuse de sa jeunesse oubliée.

, elle, lui avait avoué qu'elle n'avait pas d'autre rêve
ance qu'une vie qui s'écoule seconde après seconde,
lu présent après une molécule d'envie. Elle n'espé-
ane chose : ressentir à nouveau le désir d'être avec
 simplement.

ors, sous un porche, le Mérou nota l'heure de départ
et son numéro, ainsi que la direction que prenait le

illait cigarette sur cigarette.
ait des souvenirs à partager avec son chef.
i ferait bientôt, directement sur son téléphone crypté
ou, surtout la description de la fenêtre de la chambre
, où s'était encadrée l'espace d'un instant la silhouette
uple enlacé.
ait un samedi. Dans toute la France, les ronds-points
bloqués par des centaines de manifestants beuglant
gans révolutionnaires. Les réseaux sociaux avaient
les algorithmes de lecture.
quelques minutes des centaines de milliers d'inconnus
se reconnaissaient pas, ou plus, dans la République
t connectés entre eux.
fermes à trolls avaient reçu le même ordre : partici-
lésinformer et les forcer à se rejoindre.

En quelques jours les *hoax* distillés depuis Saint-Pétersbourg furent relayés des millions de fois.

Jamais dans l'Histoire, une telle capacité à propager l'information pour déstabiliser, instiller le doute envers les élites, promouvoir la haine et la lutte des classes, opposer les générations n'avait atteint un tel niveau.

La guerre était déclarée, mais seul l'attaquant en était informé.

CHAPITRE 11

Nudge

J'avais accepté la proposition du Boss.

Je ne voyais pas comment j'aurais pu la refuser. J'étais harponné par le maître espion. Mon attitude était mitigée. À la fois concentré pour le convaincre que je ne m'attendais pas à être piégé, et un peu exalté en imaginant le futur alors que je discutais avec ses conseillers. La soirée, qui avait suivi notre réunion dans la ferme à trolls, atteignait des sommets. Un véritable scénario de cinéma. Personne ne parlait d'élection. Tous aspiraient à un monde nouveau. Aucun n'aimait les systèmes trop bien installés. J'avais rencontré des chefs d'entreprise européens et états-uniens, des pointures de scientifiques, des conseillers politiques de haut vol. Ils ne revendiquaient aucune place, mais m'abreuvaient de discours utopiques pour un monde parfait.

J'avais imposé une seule condition au Boss : la garantie de ma liberté d'action une fois élu, ce à quoi je ne croyais pas une seconde évidemment. J'avais la certitude qu'avec le dossier qu'il avait monté sur moi, je serais une marionnette entre ses mains.

Grychine me dit qu'il comprenait mes doutes, mais me prouverait que j'avais tort. Le coup du « le Boss n'a qu'une parole » devait suffire pour que je le suive jusqu'en enfer.

Bien sûr, mon vol de retour avait été préparé par une équipe d'élite du SVR. Elle serait également chargée de me cornaquer pendant toute la durée de ma mission, à savoir : gagner les élections françaises. J'avais affaire à des hommes parlant ma langue, cultivés, qui s'immisceraient sans difficulté dans les équipes de campagne.

Aucun n'était fiché par les services occidentaux.

Mon retour au pays fut plus confortable que l'aller. Et personne en France n'avait tracé mon voyage à l'Est, comme aux meilleurs moments de l'exfiltration d'agents aux temps de la guerre froide.

À mon réveil, le surlendemain de notre dîner dans un salon de l'Hermitage, j'avais été réveillé par un majordome portant la perruque. Il m'avait offert avec ses gants blancs un petit déjeuner royal servi sur un plateau d'argent.

Un petit mot signé d'Igor l'accompagnait. L'ancien Boss me demandait de me tenir prêt à partir dans l'heure.

Quelques instants plus tard, deux coups discrets à la porte annoncèrent deux gorilles. Après m'avoir fouillé, ils scrutèrent le moindre centimètre de mon corps et de mon unique bagage. Armés d'un détecteur de microphones et d'un scanner portatif qu'ils installèrent sur la table de ma chambre, ils inspectèrent tous les objets et vêtements que je rapportais en France.

Nous embarquâmes ensuite dans une automobile aux vitres teintées qui nous conduisit à une quinzaine de kilomètres de Saint-Pétersbourg, sur un aérodrome que les services occidentaux pensaient fermé depuis 2007.

Rzhevka Airport disposait pourtant d'une piste neuve, camouflée par de vieux containers et des hangars délabrés. Son bâtiment de contrôle et d'accueil ressemblait davantage au quartier général d'un Service en opérations de guerre avec ses protections militaires, radars et armements. De discrets hommes en civil installaient des sacs de toile épaisse dans les soutes de petits avions à longue capacité de vol.

Notre appareil, sous immatriculation privée, me déposa dans un hangar d'une compagnie d'aviation régionale à Berne, en Suisse. Mes accompagnateurs ne levèrent même pas la tête de leurs journaux quand le pilote m'indiqua que j'étais arrivé. Je descendis l'échelle pour découvrir qu'un véhicule m'attendait. Autour de nous, pas âme qui vive, pas même un technicien, alors que c'était le milieu de la matinée.

Nous mîmes trois heures et demie pour rejoindre Lyon en respectant à la lettre les limitations de vitesse. Le chauffeur n'avait pas dit un seul mot et m'avait laissé déposer mon bagage dans le coffre. À la gare de Perrache, il se pencha à l'arrière pour m'ouvrir la porte. Il attendit que je récupère mon sac avant de se sauver sans un mot.

Dans le bagage que je rapportais de Russie, un bel objet en cuir, seulement le costume et la paire de chaussures trouvés dans le placard de la clinique du GRU ainsi qu'une liasse de billets dissimulée dans une double poche que j'avais mis quelques secondes à découvrir.

Mes correspondants des Services de Moscou devaient être persuadés que je passerais au crible chaque centimètre du sac de marque à la recherche d'un émetteur ou d'un micro. J'avais trois semaines de vacances devant moi et, comme je n'avais ni l'envie ni le matériel adéquat pour me lancer sur les chemins de Compostelle, je rejoignis Paris par le premier TGV.

J'étais à peine installé dans le train qu'une femme s'assit en face de moi. Elle me sourit et me tendit une carte de visite.

Son chemisier de soie était suffisamment ouvert pour laisser deviner sa poitrine libre, mais assez sage pour laisser croire qu'un bouton avait négligemment sauté. Cheveux mi-longs et noirs, montre d'homme et bracelet léger en or. Elle était assez élégante pour tenir sa place dans un conseil d'administration. Son attitude et sa maîtrise de soi me firent aussitôt penser à une professionnelle aguerrie, dans l'art du meurtre, réel ou social.

« Achille ? Je suis Sarah. Vous aurez besoin de moi. J'ai pour consigne de vous offrir toute l'aide nécessaire. »

La carte plastifiée mettait en valeur son sourire éclatant, ainsi que son titre de directrice générale d'une société de communication internationale avec bureaux à Paris, Londres et Washington.

« Votre spécialité ?

— Les causes perdues.

— Vous en avez retrouvé quelques-unes ? Je veux dire, des causes ? »

Son sourire professionnel forçait le respect.

Tellement travaillé, qu'elle l'aurait produit avec la même dextérité sous la torture, d'un disque de Bob Dylan joué par le lecteur cassette audio braillard du Boss.

« Oh, je ne suis pas chargée des basses besognes. J'initie des mécanismes, je corrige des trajectoires. Quelques fois, je trouve des raccourcis. Tout cela grâce aux moyens financiers que vous mettez à ma disposition. Mon directeur financier a apprécié la célérité, dont a fait preuve le vôtre, au moment d'envoyer le premier acompte.

— J'ai fait cela ?

— Votre homme de loi m'a déclaré que votre discrétion n'avait d'égale que votre modestie. J'ai un peu étudié votre passé et j'avoue être tombée de ma chaise en l'apprenant. Les anciens agents secrets seraient donc raccords avec le mythe de James Bond, appartements de luxe et Aston Martin ?

— Je ne possède pas de voiture, apanage de la véritable richesse. Ma secrétaire ne m'avait pas prévenu de notre rencontre fortuite. Vous faites suivre tous vos clients ?

— Vous ignoriez que nous devions nous rencontrer dans ce train, aux places que vous avez pourtant achetées il y a quelques minutes ?

— Je peux voir votre billet ? »

Elle me le tendit. Nous étions, en effet, à nos places respectives, en première.

« Vous m'expliquez ce tour de magie ?

— Ma spécialité. Je suis devenue une experte un peu avant et, surtout, lors de l'élection du Président Obama. Avant, notre science était considérée par les spécialistes comme

alent du bain de siège de feue Rika Zaraï, mais pour
iologie. Avez-vous entendu parler du *nudge* ? »

secouai la tête. Décidément, ma journée était pleine
urprises.

« Cela signifie « coup de pouce » en anglais, plus préci-
ment dans une traduction française correcte, l'expression
coup de coude ». Il s'agit de modifier par de multiples dé-
ails, l'architecture du choix d'un sujet, ou d'une population
ciblée, de manière à ce qu'il se dirige naturellement vers
l'option que vous lui destinez. Par exemple, placez le dessin
d'une mouche dans un urinoir public et vous économiserez
la moitié des frais de nettoyage. Pas un homme ne pissera
sans tenter de viser le centre de la cuvette.

— Et pour moi ? Il y a une mouche quelque part ? »

Elle se pencha et posa sa main sur la mienne. Je ne pouvais manquer l'aréole de ses seins parfaits.

« J'ai gagné mon pari contre le Conseiller. Je lui ai demandé de vous offrir un sac magnifique, cuir pleine fleur, genre
mallette de médecin du début du vingtième – votre goût
pour les antiquités. À l'encontre de vos procédures d'espion
patenté, j'ai même obtenu d'y mettre les fringues huppées
que le meilleur tailleur de Londres avait cousues pour vous
en quelques heures. Il ne suffisait plus qu'à faire déposer le
tout dans un avion pour Moscou. Il vous l'a dit ? Je suppose que non, sinon vous ne seriez pas reparti avec – vous
détestez les signes extérieurs de richesse. Ensuite, je lui ai
proposé d'y cacher quelques gros billets. Pas trop, pour que
vous n'imaginiez pas qu'il vous achetait, mais suffisamment
pour vous empêcher de repartir *Church's* aux pieds sur les

routes des Causses. Après, comme le premier train pour Paris n'avait plus de places en seconde, j'ai remis cent euros au guichetier en lui glissant que je vous faisais une blague. Il a gardé les cent euros que vous-même lui avez filés en cash que vous avez tiré de la poche secrète. Interdiction de sortir sa Visa quand on est en mission n'est-ce pas ? »

Elle avait des yeux noirs qui n'affichaient aucune satisfaction d'avoir prévenu tous mes faits et gestes. Juste l'air concentré d'une professionnelle de la manipulation.

« La suite ?

— Vous n'avez aucune intention de chercher à coucher avec moi, je suppose ?

— Vous êtes très jolie, terriblement intelligente, mais plutôt du genre glaçant. Non, j'avoue n'éprouver aucune envie de vous dans mon lit. »

Elle soupira en se calant au fond du fauteuil.

« J'ai donc perdu mon deuxième pari avec Igor. J'avais prétendu que vous tomberiez après quelques minutes de show. L'attirance des élites est une théorie surfaite. Cela nous aurait pourtant aidés pour la suite, d'autant que j'aime assez les aventures sans lendemain. Trop de contrats pour me permettre une relation amoureuse. Vous trouvez que j'en ai trop fait ? »

Sa bouche n'était qu'un trait dur dans un visage qui avait subitement perdu tout son charme.

« Disons que vous n'êtes pas mon type, c'est tout. Nous allons bosser ensemble et je vais vous payer un bon paquet, c'est ça ?

— Un million de dollars. Pour le premier acompte, et l'usage exclusif du meilleur ordinateur au monde spécialisé dans les datas. Celui de Google. Vous saviez qu'il se louait à la journée ? Jamais un service de Renseignement n'a pu traiter les données de quatre milliards de personnes de façon instantanée – ça c'est la quête de l'information – la traiter, l'analyser, agir sur la totalité des souhaits ou des rêves de chacun, par masse ou par individu.

— Suis-je votre meilleur client ?

— Vous plaisantez ? Des gens influents sont prêts à payer mes services dix fois plus pour gagner en efficacité. Mais je dois un service à notre ami commun. Vous n'imaginez pas ce que l'économie actuelle engendre comme personnes friquées. Il ne leur manque que la distinction de l'homme de pouvoir. Je suis à vous jusqu'au lendemain des élections. Après cela, il faudra envoyer renégocier ce vieux croque-mort qui vous sert d'avoué. Je serai celle qui fera voter les abstentionnistes les plus obtus, et détournera les indécis de vos concurrents. Ma science, appliquée à la politique, consiste à dessiner une mouche sur votre front en quelque sorte. Vous êtes la cible, et je vais faire en sorte que les citoyens qui votent sans conviction ou se foutent complètement de la démocratie, se prennent d'amour pour vous. Ils représentaient quarante-huit pour cent aux dernières élections. Nous en avons déjà conquis quinze pour cent selon nos études. Il en faudrait dix de plus ! Nous comptons sur votre capacité à rassembler et à tuer vos adversaires, et sur la science de mes équipes sur le Net et sur le terrain. Si nous dépassons les vingt-cinq pour cent, nous ferons de vous le prochain président de la République face aux extrêmes.

— La France des petits Blancs ? La campagne Trump ?

— Celle-ci, mais d'autres aussi. Les ouvriers, les provinces désindustrialisées, les immigrés de deuxième génération qui s'enfoncent dans la misère. Vous mouillerez votre chemise tandis que moi j'entraînerai mes employés non pas à convaincre, mais à instiller le doute chez vos concurrents, chez leurs adhérents, et plus encore chez leurs soutiens confidentiels. Ceux qui ne diront jamais qu'ils votent pour l'extrême droite ou l'extrême gauche. Je ne veux, ni ne peux, faire changer d'idée les convaincus. Eux ne m'intéressent que dans la statistique finale. Les partis garderont à jamais leurs fidèles, les encartés, les fils d'encartés qui versent une larme à l'évocation d'un De Gaulle, d'un Mitterrand ou d'un Le Pen. Ceux-là, je les rendrai furieux d'avoir été trompés. Un sentiment de gâchis à les dégoûter d'aller voter pour un candidat sur lequel les soupçons vont pleuvoir. »

Je l'applaudis doucement et lentement.

Je remarquais enfin que toutes les places autour de nous étaient libres. Un contrôleur venait de prier le jeune homme qui venait de s'installer derrière nous de bien vouloir regagner sa place. Avec l'argent que j'étais censé lui avoir remis, elle pouvait s'acheter le wagon entier si elle le désirait. Je ne lui demandais pas si les frais de déplacement étaient inclus dans la facture.

Sarah m'apprenait surtout que les stratèges de Moscou avaient inventé la guerre moderne. Désormais, les nations ne se battaient plus par les armes pour défaire leurs ennemis, mais par la manipulation des foules, par l'exaltation des haines. Les moyens techniques et cybernétiques permettaient aujourd'hui de gagner une élection et de prendre le pouvoir.

Je l'invitais à déjeuner. Au menu, un sandwich sous cellophane qu'elle refusa.

Je partis en quête de la voiture-restaurant, seul.

Sa stratégie *nudge* avait sous-évalué ma capacité à ingurgiter des produits préparés, même la pire des cuisines industrielles quand il s'agissait de satisfaire mon estomac.

Elle n'avait pas davantage envisagé que je la manipulais moi aussi lorsque je lui décrivais le menu « touristique ». Si j'avais dû parier avec le Boss, j'aurais gagné une belle somme en dollars recyclés dans la blanchisseuse de mon prétendu patrimoine.

Son allure ascétique, sa peau, le soin qu'elle prenait à cacher ses rides, tout indiquait qu'elle me laisserait seul avec mon contact dans le train. Je ne m'étais pas trompé : la perspective de devoir avaler de la mie de pain farcie au jambon sous vide l'avait découragée de m'accompagner.

J'avais, en effet, une autre rencontre prévue dans le train.

J'avais reconnu au premier coup d'œil le vieux général Carignac. Il avait attendu toute la matinée sur un banc devant la gare. Pardessus élimé, casquette de tweed, je notais aussi de le féliciter pour les rouflaquettes et la moustache désuètes que le personnel du service technique lui avait collées sur le visage. Il traînait une valise qui ne semblait tenir que grâce aux autocollants des voyages qui en garnissaient toutes les faces.

Le trésor du responsable des accessoires. Celui-ci laissait rarement cet objet, quasiment de collection, quitter son bureau de retraité des Services. Il connaissait tous ceux qui étaient revenus de mission avec leur cadeau, une trouvaille plastifiée à coller sur le carton.

Carignac m'avait suivi dans la file d'attente. Je l'avais vu sortir de sa poche le portefeuille qu'il avait hérité de son père. Des morceaux de cuir disloqués, aussi fins qu'un papier à cigarettes, que les réparations récurrentes du cordonnier ne parvenaient même plus à rassembler.

Nous nous connaissions depuis vingt ans. Un peu moins longtemps que son fidèle second, le commandant Lefort, qui ne devait pas être loin, lui non plus.

Je n'avais pas besoin du *nudge* pour savoir que Carignac serait attablé à boire de la bière et à grignoter des sandwichs au saucisson à l'ail dans le restaurant du train.

J'envisageais déjà les failles de cet outil si prisé des chercheurs en sciences sociales, spécialité de la dame, et ne manquerais pas d'en toucher un mot au chef de la cellule secrète montée pour les présidentielles.

Le mot de code de notre mission, Cincinnatus, correspondait parfaitement à l'ancien directeur général de la DGSE. Il ressemblait à ce général romain à la retraite qui avait accepté de sauver Rome, pourvu qu'on le laisse repartir cultiver son champ après avoir gagné la bataille.

Il suivrait les éléments russes jusqu'à mon élection, puis ma démission. Entre-temps, nous aurions sauvé la démocratie.

À côté de Carignac, la place était libre. Je n'avais aucune difficulté à imaginer la réaction de celui – ou celle – qui aurait tenté de s'asseoir.

« Vous voilà bien guilleret, mon neveu.

— Je riais tout seul. Je me demandais où vous m'attendriez.

— Je connais une toubib russe qui est autant une experte en filature qu'en drogues, mais vous la connaissez peut-être ? Formée à la CIA. L'immatriculation de l'avion qu'elle nous a indiquée impliquait comme plan de vol international une escale technique à Berne – ben voyons – et un atterrissage final au Maroc. Vous deviez descendre en Suisse où attendait un homme de chez nous. Le reste n'est que routine. Les six personnes qui nous entourent dans le compartiment sont de chez nous, donc on peut parler sans craindre les indiscrétions. Le barman n'aura qu'une réponse à la bouche jusqu'à notre départ : plus rien à bouffer ni à picoler, les touristes ont tout raflé, des salopards de Polonais en vacances en route pour la capitale. Sinon, vous n'imaginez pas comme cela fut compliqué de faire monter, au dernier moment dans le train, une cinquantaine de barbouzes. Surtout sans provoquer la suspicion de la SNCF et de votre gentille professionnelle. Assez parlé de ma pauvre vie de sorcier, contez-moi donc celle d'un futur-ex-président, mon cher Beaujeu. »

Il croqua à pleines dents dans du pain de mie dégoulinant de sauce. Un soupir d'aise à la première bouchée m'indiqua qu'il aimait vraiment la cuisine de la SNCF.

Je commençais mon récit par la fin. Carignac était déjà au courant de l'accueil par la spécialiste de la communication et connaissait son pedigree international.

« Vous m'avez installé dans un sacré piège, mon oncle.

— Je m'en doute, vous me connaissez. Je ne saurais vous décevoir. Je ne vous ai pas choisi pour rien. Même mon bon Lefort n'avait ni le passé ni l'ambition, ou les aptitudes, pour mener aussi bien que vous cette aventure, dont vous êtes l'initiateur inconscient depuis vos pérégrinations chez les cowboys. Seulement là, maintenant, vous pouvez tout arrêter. Ils essayeront de vous atteindre, mais ils iront à la pêche aux leurres. Nous aussi savons créer des légendes et des illégaux. Il ne manquerait plus que la nation, qui a fait naître Machiavel et Caron de Beaumarchais, soit à la traîne des montages vicieux !

— Je désire seulement obtenir une réponse simple.

— Posez votre question, mon neveu, et je verrai s'il m'est possible d'y répondre.

— Ai-je votre parole qu'au moment des résultats, je pourrai m'éclipser sans difficulté ? Je veux dire que le scandale sera énorme. Il éclaboussera tellement de monde que le pouvoir pourrait, au dernier moment, juger qu'une négociation préalable avec la Russie sera plus productrice de résultats que l'explosion de leurs manigances au grand jour. Vous m'aviez promis, mais je tiens, compte tenu de ce que je vais vous raconter, vous réentendre à ce sujet. »

Carignac se redressa brusquement.

« Vous voudriez me traiter de parjure, de menteur, d'homme sans parole, en plus ? Nous sommes en train de vivre une opération qui se veut plus importante que celle de Fortitude pendant la Seconde Guerre mondiale ! Nous avons les moyens de faire cesser définitivement les actions de déstabilisation de la Russie dans le monde ! Votre carrière restera celle d'un excellent officier des Renseignements, ne vous inquiétez pas à ce sujet. Bon, nous y allons ? Nous n'avons pas des heures devant nous. »

Il arracha une énorme bouchée de son sandwich pour clore définitivement cette discussion. D'un signe de la main, il m'intima l'ordre de faire mon rapport.

Je m'exécutais.

Bien que je relate aujourd'hui seulement cette scène dans mon journal en espérant qu'il soit publié lorsque j'aurai passé la main, je tiens à préciser qu'à cet instant de notre conversation, je ne soupçonnais pas le moins du monde que Carignac me mentait.

Je ne connaissais que trop le personnage pourtant.

L'homme n'avait jamais eu l'intention d'abandonner l'unique occasion de sa vie de changer l'histoire globale. Encore moins s'il pouvait influer sur les relations internationales et la géopolitique mondiale pour les dix années suivantes.

CHAPITRE 12

Le commando

Ils étaient vingt : quinze hommes, cinq femmes.

À 3 heures du matin, ils arrivèrent en courant et se séparèrent en deux commandos, chacun dirigé par un blouson de toile marqué dans le dos de la troisième rune de l'alphabet scandinave. Un symbole Thurisaz qui signifie « le géant » en proto-germanique et, surtout, la signature du dieu Thor, le maître du tonnerre de la mythologie nordique.

Cagoulés, habillés de noir, les membres du premier groupe explosèrent au lance-roquettes la porte de service du ministère. Ils s'engouffrèrent après avoir assommé les deux gendarmes de faction à coups de barre de fer. Ils connaissaient les lieux, aussi ils montèrent sans hésitation à l'étage occupé par l'appartement du ministre.

Dans le même temps, le reste des blacks blocs avait appliqué une échelle sur l'immeuble depuis le trottoir. Au deuxième étage, aucune fenêtre n'était protégée. D'un coup de massette, le chef explosa le chambranle et sauta dans la pièce en hurlant, suivi de sa troupe.

Le bureau sécurité était en effectif restreint compte tenu de l'heure tardive. Deux gendarmes avaient les yeux rivés sur un écran de télévision qui diffusait toute la nuit des séries policières.

Ils n'eurent pas le temps de réagir, et reçurent une multitude de coups jusqu'à perdre connaissance.

Une femme enleva sa cagoule et donna l'ordre de bloquer la porte. Dehors, trois autres fonctionnaires devaient faire leur ronde dans les jardins du ministère. Aux bruits du tir contre la porte cochère, ils mettraient moins de trois minutes pour arriver.

Elle avait parlé en russe.

La porte, deux fois centenaire, en chêne massif, fut vissée à son chambranle à l'aide d'une perceuse sur batterie sortie comme par magie d'un sac à dos. Les vis de dix centimètres ralentiraient toute attaque avant que les assaillants comprennent qu'ils n'entreraient jamais sans un bélier ou des haches.

À son signal, un des hommes récupéra l'émetteur-récepteur sur le ceinturon des sous-officiers assommés. Il parla doucement dans l'appareil, en français. Il demandait à ses collègues gendarmes d'accourir pour une alerte au gaz.

La femme s'assit devant l'ordinateur, inséra une clé USB et tapa une série de codes sur le clavier.

Aussitôt, des lignes de codes défilèrent à l'écran. Elle sourit. Le virus était installé dans tous les ordinateurs dédiés à la sécurité des ministères.

« Deux minutes. »

Les autres regardèrent leur montre et continuèrent à jeter au milieu de la pièce les dossiers et les classeurs amassés dans les grandes armoires métalliques qu'ils arrosèrent.

Une odeur d'essence emplit l'espace.

À l'angle opposé de l'immeuble, la porte d'entrée de l'appartement venait de s'effondrer dans un fracas de bruits et de poussières, jetant un couple à moitié endormi dans le couloir. L'épouse du ministre hurla quand deux hommes assommèrent son époux qui fut balancé sur les épaules d'un troisième. Le chef avait poussé la femme dans sa chambre puis refermé la porte en lançant auparavant un fumigène. En quelques secondes ils avaient disparu. Elle continuait à hurler, mais ne bougeait pas. Plus tard, les secours ne pourraient que constater son décès. Une déficience cardiaque, qu'elle soignait en secret depuis des années, n'avait pas résisté à la terreur de l'assaut.

Le commando redescendit l'escalier, toujours au pas de course, coordonné et sans précipitation, rejoignant à chacun des paliers les hommes restés en couverture. Deux étaient placés en avant pour protéger le porteur du corps inanimé : deux autres en arrière pour poser des charges explosives légères. Elles détruiraient l'escalier, classé par les monuments historiques, sans autres dégâts cette fois qu'une forte médiatisation orchestrée par la caméra vidéo laissée sur place au rez-de-chaussée et solidement arrimée à un trépied professionnel.

Ils ne croisèrent pas les trois gendarmes se portant au secours de leurs collègues piégés à l'intérieur de la pièce qui commençait à prendre feu.

En réalité, l'endroit était vide. Les deux corps assommés avaient été déposés sur le trottoir, au pied de l'échelle abandonnée. Les caméras de surveillance avaient tout enregistré.

Au moment où les deux fourgons aux vitres teintées embarquaient les commandos, les secours arrivaient. Le timing était étudié à la minute près. Les véhicules furent abandonnés et brûlés sans attendre, au dernier étage d'un parking d'un grand magasin, dont la totalité des enregistrements de vidéosurveillance avaient mystérieusement disparu.

Les hommes et les femmes du commando ressortirent en tenue d'agent d'entretien à bord d'un véhicule commercial.

L'enlèvement du ministre du Travail, ainsi que le décès de son épouse, furent annoncés à 7 heures du matin par le Premier ministre lui-même.

L'homme d'État ne fut jamais retrouvé.

L'aile gauche du ministère était en cendres ; les boiseries anciennes ayant entretenu l'incendie. La charpente s'enflamma en quelques minutes alors que les sapeurs-pompiers tentaient de contenir la catastrophe. Il était moins une que le quartier s'embrase à son tour.

La revendication fut relayée en français par un groupe inconnu depuis une page Facebook du Kansas. Survivaliste, chrétien et complotiste. Ils délivraient un message incohérent : la certitude que le monde allait s'effondrer parce que l'homme avait trompé Dieu.

Le groupe prévenait qu'il lâcherait ses commandos sur tout le territoire pour kidnapper et faire disparaître des personnalités.

La terreur s'arrêterait le jour où le président de la République quitterait ses fonctions et la vie politique.

Lorsque le referendum citoyen serait mis en place et que la Vᵉ République laisserait le champ libre à la République du peuple. Elle s'autogérerait en confisquant les biens d'une élite corrompue par les industries et le lobby des médias.

La présidence déclara immédiatement l'état d'urgence sur tout le territoire. Les deux chambres réunies le lendemain de l'attaque confièrent pour un mois les pleins pouvoirs au président de la République, lequel, personne n'en avait douté, avait rejeté les demandes des terroristes.

La DGSE avait reconnu le visage au volant du véhicule débouchant du parking. Un mercenaire, employé par une société de sécurité russe d'un complexe minier au Mali.

L'ambassadeur de Russie fut convoqué par le ministre des Affaires étrangères. Il promit d'enquêter en proposant l'aide des Services de son pays.

Il fit parvenir quelques heures plus tard l'avis de décès du mercenaire en question, tué des semaines auparavant dans un accident d'avion. Le diplomate partageait avec son pays tout entier la tristesse qui frappait la France et tenait à la disposition des Services français le professionnalisme des siens.

Le ministre raconta l'entrevue au président le soir même, autour d'un dîner tardif, comme le locataire du palais y avait habitué les cuisines qui restaient opérationnelles de jour comme de nuit.

Quand l'épouse du chef de l'État les quitta, après avoir déposé un baiser sur la joue de son époux, ce dernier se tourna vers l'un des trois invités qui goûtait son cognac du bout des lèvres.

« Alors, Carignac, vous en pensez quoi ?

— Millésime 68 ou 69, monsieur le président. Double distillation au début des émeutes qui m'ont connu si jeune. Je me suis toujours demandé si une révolution pouvait changer le goût de l'alcool. Je vous confirme que celui-là est l'un des meilleurs que j'ai eu l'occasion de goûter. Il me faudrait comparer avec une bouteille de 1789. Il en reste, ou c'est un secret d'État ? La rumeur tourne chez nous depuis une éternité, alimentée par de vieux menteurs qui assurent en avoir bu. »

Le président souleva un coin de ses lèvres. Carignac avait compris sa question, mais repoussait sa réponse. Il lui proposa un cigare, que le général refusa, mais que le ministre accepta.

« Carignac ?

— Nous sommes en guerre, monsieur le président. Vous êtes à la fin de votre deuxième mandat et regardez votre succession avec effroi. Cette guerre froide, que nous croyions enterrée, et que nous avons nous-même réveillée en humiliant les Russes alors qu'ils se tournaient vers la démocratie au lendemain de la mort de l'URSS. Au lieu de supporter la révolution, nous avons fermé les yeux, trop heureux de les voir se transformer en une puissance de second plan, moins riche que les dix premiers pays en voie de développement. Ils ne rêvent maintenant que d'une suite à leur histoire. Au retour de la grande Russie. Vous êtes une cible parfaite. C'est un momentum.

« Vous êtes seul, détesté par les vieux partis. Vous, disparu, le choix se portera entre deux alliés de la Russie. Dans cette perspective, tout est possible. L'extrême gauche et l'extrême droite, sinon rien. Je n'ai pas de solution à vous offrir, monsieur le président, pas maintenant j'entends. J'ai peut-être une alternative, mais elle est trop floue encore. »

Le président hésita. Il ne fumait pas, mais avait reçu l'éducation au rituel. Il interrogea son premier diplomate, qui lui désigna un module plus petit que le Churchill que son autre invité venait d'allumer. Un Corona, offert par Cuba, chaque année depuis la présidence de Gaulle.

Carignac l'observa pendant qu'il ouvrait la cape, délicatement, avec une balle de petit calibre transformée en coupe-cigare. Son ministre lui tendit ensuite une longue allumette sur laquelle il fit rougeoyer la cendre.

Ses yeux se fermèrent. Il goûta la fumée avant de l'expulser.

« Ce n'est pas une des dernières boîtes du sauveur de la France. La cave en est pleine. C'est incroyable que Castro en ait envoyé tous les ans pour remercier le Général et la France d'avoir été parmi les premiers États à reconnaître leur démocratie populaire. Plus de cinquante ans d'Histoire qui partent en fumée. Plus vieux que votre cognac, Carignac. Pas tenté ? »

Carignac refusa à nouveau d'un geste de la main.

« Connaissant les méandres de l'administration communiste, je puis vous assurer qu'il n'y a rien de romantique à l'envoi de ces boîtes de cigares. Un ordre a été donné par le *Commendatore* et son exécution s'est perdue dans les strates de la hiérarchie de la fonction publique cubaine. Depuis, l'ordre est exécuté mécaniquement, comme l'est une part de la machine castriste. Rien ni personne ne pourra changer cela. Pour votre invitation je vous prie de m'excuser, je tousse déjà beaucoup en compagnie de mon vieux Lefort. Mais j'ai l'immense honneur d'être présent. Mon adjoint en aurait sûrement volé une poignée sans même que vous vous en aperceviez. »

Le ministre ouvrit la cave recouverte des enluminures de la République. Il saisit la première rangée des Churchill, la déposa dans sa serviette qu'il noua autour des fûts.

« De notre part. »

Carignac leva son verre en remerciement. Il le reposa ensuite sur la table en bois de rose où trônaient des photographies de la famille du président. Une marque indélébile sur le précieux meuble rappellerait à jamais son geste.

« Nous savons tout des tentatives de déstabilisation de la Russie, que ce soit pour les élections américaines, françaises ou pour le Brexit. Dans la guerre, et ce depuis Sun Tzu, toute expérimentation stratégique non militaire est une économie en moyens et en hommes. Elle est toujours productrice de résultats positifs. Ses seuls échecs : l'élimination d'un joueur, un civil pris la main dans le sac à hacker ou à discriminer. On mise sur les extrêmes, les uns contre les autres, ou les uns avec les autres contre le pouvoir en place. Si même vous ne gagnez pas, vous engendrez des divisions au niveau national qui affaibliront votre adversaire. Vous entretenez le soupçon en accusant l'élite de faiblesse et de corruption. Le retour de la morale et de la vertu a force de loi, assimilant le Droit et la Justice à un arrangement entre lobbies.

« Accuser un président de l'Assemblée nationale d'avoir mangé du homard préparé dans les cuisines de la Chambre devient une affaire d'État. Une « preuve » de la corruption des puissants. Reprise en chœur par les officines, l'accusation déchaîne les haines. Faut-il fermer la cuisine du Sénat, de l'Assemblée ou de l'Élysée ?

« Ce soir, je roulais vers vous dans cette fourgonnette aux vitres aveugles parce que l'on ne doit pas connaître l'identité de Cincinnatus. Je vous annonce que la rumeur circule déjà dans les couloirs de Mediapart que vous auriez créé une police parallèle sous ce nom de code. Il y a des fuites et elles proviennent de vos proches. En route, je me faisais la remarque que la grande différence entre 1989 et aujourd'hui était que le KGB était au service d'un État alors que le FSB dirige à présent la nation Russie. Avec le PNB de l'Espagne et des dépenses militaires sans aucune comparaison avec les États-Unis, la doctrine Guerrassimov devient primordiale : grâce à Internet, aux réseaux sociaux, à la manipulation, vous dépensez peu, mais le retour sur investissement est énorme. Mais, monsieur le président, là, dans notre cas précis, une partie de l'équation me manque. Est-ce le président Poutine qui est derrière cette action ou, si je peux m'aventurer dans une voie qui n'offre encore aucune certitude, une autre force à la fois financière et politique mène-t-elle le jeu ? Vous conviendrez que notre réaction diplomatique, militaire peut-être, serait alors toute différente pour le chef des Armées.

« Je vais vous présenter un scénario, monsieur le président. Nous allons ensuite en discuter, puis vous m'ordonnerez, avec mon vieil ami ici présent comme seul témoin, la voie que vous voulez me voir suivre. Il n'y aura aucun écrit, aucun témoin. Tout sera oublié. Je serai l'assurance que le choix du premier des Français, élu dans une démocratie imparfaite mais toujours citée en exemple, sera respecté jusqu'au bout.

— De quoi s'agit-il ? »

Le président, les traits tirés, s'était penché en avant, se décollant de son siège.

« Il y a quelques mois, nous avons dû nous passer des services de la DGSE et des services officiels pour vérifier qu'une entité, gouvernementale ou non – nous n'en avons pas encore la preuve – préparait une opération de déstabilisation de notre pays pour tenter d'en prendre le contrôle. Quand je dis « nous », il s'agit d'une cellule montée avec l'accord de la totalité du conseil constitutionnel, en dehors de tous les circuits régaliens. Un financement d'une phase d'étude baptisé du nom de code « Cincinnatus ». Vous savez, ce général romain devenu dictateur pendant quelques semaines, juste le temps de sauver Rome. J'avais des doutes, que je ne pouvais exprimer au plus haut sommet de l'État. Rompre la confidentialité aurait pu avoir des conséquences dévastatrices. Non pour les hommes qui risquent leur vie aujourd'hui, mais pour la République. Alors, après avoir envisagé et testé des hypothèses multiples, j'en suis arrivé à une solution terrible. »

Carignac était calme. Seuls ses yeux gris, agrandis par les verres de ses lunettes maculées de traces de doigts, étincelaient d'une lueur inquiétante.

« Je vais vous demander, monsieur le président, de laisser éliminer – je veux dire tuer, faire disparaître, partir en fumée et, pour que ce soit clair, il n'y aura aucune échappatoire – votre ami et ancien ministre d'État, Hector Nantier. J'imagine que vous savez déjà quelles en seront les répercussions sur la politique intérieure et extérieure de votre quinquennat. Nous serons, à quelques mots près, entre chefs d'État du déclenchement de l'apocalypse. »

Il n'y eut aucune parole en échange. Les deux hommes regardaient le général, effarés.

« J'ai deux hypothèses, concernant le choix de nos ennemis de financer la candidature de Beaujeu plutôt que l'un de leurs deux courtisans naturels. La première : ils ont l'intention de provoquer un attentat contre Nantier et Beaujeu dès que les résultats seront connus. Nous les laisserons faire. La deuxième : je provoque un attentat contre nos deux amis. Dans les deux cas, nous perdons deux hommes, mais nous gagnons la guerre. »

Les cigares brillèrent, Carignac se resservit en alcool et posa ses lunettes devant lui. Son regard gris de myope s'était voilé, comme s'il disparaissait derrière ses secrets.

Le président se leva et quitta la pièce, suivi de son conseiller.

Carignac ne le revit pas ce soir-là. Il reçut la réponse quelques minutes plus tard, transmise par son ami. Juste un hochement de tête dans un coin de porte. Jamais il ne pourrait raconter que le chef de l'État avait donné son accord pour une mission suicide. Il serait prouvé qu'il était à un autre endroit, et surtout pas au Palais. L'agenda officiel ne garderait aucune trace de leur rencontre. L'ancien patron de la DGSE n'espérait rien d'autre.

Il s'en voulut de n'avoir aucun doute sur la suite des événements.

Il aurait fait avaler le plus loufoque des mensonges à n'importe quel interlocuteur. De toute façon, il n'avait jamais indiqué que la machine était lancée et que son arrêt était d'ores et déjà impossible.

CHAPITRE 13

L'émeute

La foule, dense, hurlait à la démission du président. Elle avait été repoussée loin des Champs-Élysées par les gendarmes mobiles et leurs canons à eau.

Parmi eux, personne ne remarqua le commando.

Ils étaient cinq : quatre hommes, une femme. Ils avaient pris le métro séparément et s'étaient rejoints au milieu de la grande avenue. Quelques touristes pressés et inquiets entraient et sortaient des boutiques, l'œil aux aguets.

Le groupe parcourut les cent derniers mètres côte à côte sans un mot.

La femme attendit que la camionnette se rapproche et se gare en double file devant le restaurant. Ensuite, elle lança ses ordres en russe.

Deux des hommes partirent dans la direction du véhicule de police stationné un peu plus loin tandis que les deux autres traversaient l'avenue. Ils sourirent aux deux militaires en mission Vigipirate qui rejoignaient tranquillement leur véhicule après leur tour de garde. Ils seraient en pause déjeuner dans quelques minutes.

La femme entra dans le restaurant.

L'un des militaires français rentrait d'Afghanistan. Il était encore sous tension, conditionné par le combat, les nerfs à vif. Il dormait mal, mais avait refusé l'aide psychologique. Il n'en était pas à son premier engagement pour une guerre hors des frontières. Il savait qu'il mettrait des semaines à décompresser et à reprendre une vie normale. Il ne désirait qu'une chose, repartir. Il n'avait pas de femme, peu de proches. Son régiment avait remplacé sa vie sociale et sa famille.

Le regard d'un des deux hommes qui approchaient lança l'alerte. Il sut d'instinct qu'ils venaient pour les tuer. Il hurla et s'accroupit, le Famas en joue. Son compagnon, une jeune recrue, ne comprit pas l'alerte, tétanisé et manquant d'entraînement. Il reçut une balle en pleine poitrine qui le projeta en arrière. Les tireurs couraient à présent pour les achever, le Glock serré contre le corps.

L'arme automatique du sergent cracha ses balles, coup à coup, avec la précision d'un soldat entraîné. Les deux civils s'écroulèrent.

On découvrirait des documents cachés dans la doublure de leur blouson. Passeports diplomatiques et argent liquide impliqueraient sans hésitation la Russie, coupable d'acte de guerre contre la France.

La femme était ressortie. Elle ne regarda pas dans la direction des deux combattants qui gisaient plus loin. Elle n'avait pas besoin de vérifier. Un sergent avec son béret rouge parlait dans son émetteur-récepteur et vérifiait le pouls d'un soldat, qui reprenait lentement connaissance tout en tapotant son gilet pare-balles.

Elle monta dans la camionnette en jurant. Les deux autres hommes l'avaient rejoint. Ils avaient laissé dans la voiture de police deux corps sans vie.

L'explosion souffla le restaurant.

Le gouvernement et l'Élysée seraient avertis aussitôt, mais l'information concernant l'identité des deux tueurs ne parviendrait au plus haut de l'État que dans la soirée.

Le général Carignac fut réveillé. Il s'était installé dans la pièce de la cellule Cincinnatus et avait fait installer des lits de camp pour les membres de son équipe.

L'officier, qui le secoua doucement, remarqua qu'un orteil sortait d'une des chaussettes.

« Mon général, le président vous attend. La camionnette est prête à partir, mais nous avons reçu l'ordre de renforcer votre protection. »

Carignac se redressa et grogna qu'il prendrait un café et un cognac au palais. Il enfila ses chaussures et cassa un lacet. Il soupira, en attachant le lacet un œillet plus bas. Le militaire notait machinalement tous les détails.

« Renvoyez les gardes du corps et faites rouler la camionnette dans Paris. Les médias doivent déjà être informés que j'ai repris du service. Nous prendrons un des véhicules légers du parking privé. Demandez les clés. Je ne vais pas commencer à déclencher toutes les sonnettes des organes de presse autour du président en le rejoignant avec un régiment des troupes spéciales. »

Il se leva et s'étira. Un coin de chemise sortait de son pantalon. Il resserra sa cravate, enfila son veston.

« Dites, capitaine, quel est le sujet de ce réveil brutal ?

— Les terroristes des Champs : le procureur général a découvert que c'étaient des officiers russes en mission. Leurs passeports étaient cousus dans la doublure de leur blouson. La présidence a besoin de votre aide pour élaborer une contre-mesure proportionnée. »

Le général s'apprêtait à sortir. Il se retourna et sourit. Le militaire ne s'attendait pas à cette réaction.

« Il n'y a pas de mesure contre une attaque militaire sur le sol français. La guerre serait inévitable et nous risquerions de gagner trop vite. Mais, je vous rassure, mettez Cincinnatus sur le coup. Nos services réagissent trop vite, comme d'habitude. Je ne connais pas un seul illégal qui conserve sur lui ses papiers d'identité, surtout dans les services secrets militaires de la Russie. C'est la première preuve que j'attendais. Nous sommes dans une opération de désinformation bien plus complexe que nous l'envisagions. Trouvez-moi le CV de ces tocards qui se font tirer à découvert. Et attention, je veux des réponses avant que de quitter le palais. Je dois pouvoir parler franc avec le président. »

Il chantonna tout en sortant. L'officier crut deviner que le refrain tenait en quelques mots : Mort'au'C, répété sur la musique d'une chanson pour enfants.

Le militaire nota qu'il ne faisait aucun bruit en quittant la pièce. Il semblait flotter sur un coussin d'air. Seul un bout de lacet abandonné témoignait du passage de Carignac. Il hésita à le ramasser.

CHAPITRE 14

Odile

Il était 3 heures du matin.

L'ancien ministre de la Défense fumait devant la fenêtre ouverte du petit hôtel. Une odeur de printemps montait des pavés mouillés de la petite rue qui menait à la Butte Montmartre. Il n'avait jamais été dans cet état, à la fois calme et persuadé qu'il était arrivé au bout de sa vie.

Il n'avait reçu aucune nouvelle de son épouse depuis qu'elle était partie en province. Orléans ou Montluçon, il n'avait pas noté la destination.

Elle lui avait juste envoyé un message. Elle avait dû partir en urgence au chevet de sa sœur aînée, victime d'un AVC léger, qui nécessitait une hospitalisation.

« Je pars m'occuper des chats surtout. De Pierre et de son éternelle panique, quand son agenda d'expert-comptable ne se déroule pas comme prévu. Tu sais tout déjà de ce couple bizarre, je t'en ai si souvent parlé. Mais ils sont vieux, et je suis la dernière de la famille. Je file et je reviens dans deux jours. Baisers doux, je prends la Deudeuche. »

La même voiture, cinquante et un ans plus tard. Restaurée deux fois, comme neuve.

Leur troisième enfant, le début de leur histoire.

Demain, il annoncerait sa candidature à la présidentielle, en pleine confusion sociale. Le gouvernement – qu'il avait quitté l'année précédente – faisait face à une émeute qui menaçait de se transformer en guerre civile. Sa dernière réunion avec son futur Premier ministre et ami, le colonel Achille de Beaujeu, et son équipe de campagne avait été enthousiasmante. Les sondages qu'ils avaient commandés dans le secret d'un cabinet spécialisé leur promettaient une élection au premier tour, avec une large majorité. L'alliance de l'expérience politique au service de la droite et de la gauche de Nantier, combinée à celle d'un homme d'épée qui prendrait en main sans faillir les questions sécuritaires, semblait l'antidote parfait à une France pré-révolutionnaire.

Il se demanda si sa rencontre avec Odile, sa trahison de couple et cette sensation de bien-être qu'il éprouvait, annonçaient une nouvelle ère.

Odile dormait sur le ventre, nue.

Ils avaient peu parlé.

Ils avaient fait l'amour comme au premier jour.

Les cheveux cachaient le visage de son amante. Son corps paraissait plus jeune dans la pénombre.

Lui était vieux. Il le sentait à chaque instant. Il venait de comprendre la folie de son geste, le danger d'un scandale, des journalistes planqués à la sortie de l'hôtel ou d'un réceptionniste qui l'aurait reconnu.

Il réalisait qu'à vingt-quatre heures de l'annonce, il n'avait pas eu le courage de renoncer à cet acte inconscient qui, soudain, l'effrayait.

Il avait peur de perdre Christine. Il n'était plus depuis longtemps le vendeur de rêves qui vivait au jour le jour. Il ne se battrait pas, il se suiciderait.

Il aimait sa vie, la situation ambiguë qui l'avait fait tomber dans les bras d'Odile. Une pulsion, un fantasme, un sursaut de cette jeunesse qui, pensait-il, lui donnerait la force de gagner.

Un mouvement le détourna de la fenêtre.

« Tu ne dors pas ? Tu sais, la cigarette après l'amour, enfin, ce n'est pas très sexy. Un peu comme les chaussettes sur un homme nu. »

Il rit de bon cœur et jeta le mégot par l'ouverture. Il ne put retenir un dernier regard vers la rue pour s'assurer que personne ne planquait. Pas de lumière dans une voiture immobile ni d'ombre suspecte sous un porche. Il s'assit au bord du lit et commença à lui caresser le dos. Dans quelques minutes, le couvre-feu s'éteindrait.

« Tu crois en l'amour ? Je veux dire, entre nous. Je ne connais rien de ta vie, tu sais que je resterai avec Christine, et pourtant ?

— Ah, voilà le moment de vérité. »

Il voulut rétorquer, expliquer, se justifier, expliquer sa lâcheté, mais il n'en eut pas le courage. Elle se redressa, lui caressa la joue en souriant.

« C'était bien. Quoi qu'en dise Igor. Il m'avait prévenue, peu impressionné par les films qu'il avait visionnés de

Christine et de toi au lit. C'était mieux que je le pensais. Utile à la cause, mais bon aussi. J'ai presque eu du plaisir, tu n'étais pas loin. Tu baises aussi bien qu'un tchékiste, mais à la française. Il faut toujours que vous y mettiez du sentiment. Mais moi, tu vois, j'aime bien la rudesse d'un vrai homme. »

Il avait la bouche ouverte. Un voile rouge était tombé devant ses yeux. Il tremblait.

« Quel Igor ?

— Il s'appelle Igor Grychine. Tu l'as connu il y a très longtemps, m'a-t-il dit. Il en a fait du chemin depuis qu'il t'a découvert, cajolé, menacé, pour que tu lui offres des renseignements de plus en plus stratégiques. Tu sortais de l'ENA, tu étais un jeune ambitieux, plein de talents et de fantasmes. Tu pensais qu'il fallait équilibrer les puissances du monde pour éviter l'apocalypse nucléaire. Tu croyais faire l'Histoire tout seul alors qu'il se servait de toi, et de tant d'autres pour faire gagner la cause de la Révolution. Je te laisserai ton dossier pour te rappeler que tu es à nous pour la vie, même si la pression s'est relâchée quand le communisme russe est mort.

« 1990 a dû être un soulagement pour toi, comme la fin d'un cauchemar, non ? Igor a décidé alors de te laisser dormir, longtemps, très longtemps, parce qu'il connaissait toutes les étapes. Il savait que tu te fraierais un chemin malgré les épreuves pour te hisser au sommet du pouvoir. Tu pensais qu'il t'avait oublié après toutes ces années ? Tiens. »

Elle avait cherché un moment dans son sac avant d'en sortir une enveloppe. Quelques copies de ses rencontres rémunérées avec le KGB y étaient répertoriées. Il se souvenait des dates et des lieux. Il ne pouvait les oublier.

« J'étais jeune !

— Un traître reste un traître, monsieur le candidat. Surtout si l'information arrive aux oreilles de tes adversaires. Ils ne feront qu'une bouchée de toi. Pire que Fillon, pire que tout : tu perdras ta femme adorée, cette Christine à laquelle tu tiens tant et que tu viens de tromper. »

Il se leva brusquement. Elle continua, après avoir tapoté l'oreiller pour qu'il revienne s'asseoir.

« Non, bien sûr, tu ne pouvais imaginer que je tomberais dans tes bras, par hasard dans cet autobus. Tu crois aux miracles, camarade ? Moi, que tu n'avais jamais rencontrée avant que le Mérou te pousse entre mes jambes ? Moi, l'écrivaine qui vend trois cents bouquins par an ? Tu crois que je gagne ma vie en pondant des poèmes ? Mais, mon vieil ami, les plus anciennes méthodes restent les meilleures ! « Ébranlez leur réputation et livrez-les le moment venu au dédain de leurs concitoyens. » C'est de Sun Tzu. Je suis l'arme secrète pour éviter que tu nous lâches au dernier moment. Tu es à moi, maintenant. Je peux te demander ce que je veux. Non parce que nous ne coucherons plus ensemble, mais parce que tu tiens plus que tout à une seule femme. Nous avons donc jugé, pour la suite des opérations, que tu ne prendrais jamais le risque de perdre ce que la vie t'a offert. Ta condition d'ancien serviteur adulé, de mari bourgeois, ta vie rangée bousculée par un enchainement que tu espérais n'avoir jamais existé. Moi, je casse ton confort. Je suis le bras armé du chantage.

— Pardon ? »

Il avait regardé sa main comme si le corps d'Odile l'avait brûlée. Elle se leva, passa devant lui en déposant un léger baiser sur son front où perlaient quelques gouttes de sueur glacée. Elle enfila une culotte et lui demanda son aide pour accrocher son soutien-gorge. Elle s'assit près de lui pour étendre la jambe et enfiler tranquillement un bas noir. Il tremblait trop pour réussir à accrocher le sous-vêtement. Elle soupira et exécuta le mouvement sans son aide.

« Tu es bidon, vide. Les jeunes ne comprendraient plus la vieille rengaine de notre époque, celle de la guerre froide, « les décors sont de Roger Harth et les costumes de Donald Cardwell ! ». Seulement les manifestants dans la rue, les déçus des partis, les jeunes et les vieux qui vont vous suivre se révolteront de plus en plus fort contre la démocratie s'ils apprennent la vérité sur ta vie passée, surtout tes coucheries alors que ta femme est au chevet d'un parent proche de la mort. »

Elle avait enfilé sa jupe, s'était retournée et il avait, docilement, remonté la fermeture Éclair. En quelques secondes, elle était devant lui, manteau posé sur l'avant-bras, sac à l'autre main. Elle se pencha pour déposer un baiser sur ses lèvres.

« C'est comme ça, mon ami. La vie est une manipulation sans fin, des peuples et des élites. Le facteur humain mon ami : nos désirs mènent nos actes. Tu es lâche, mais sympathique. Christine a trouvé en toi tout ce qu'elle recherche chez un homme. L'orgueil, la domination, mais aussi la gentillesse, l'humour, cette petite dépression qui l'autorise à te materner un peu, mais pas trop.

« Bon, je rentre remettre mon rapport à ton Igor. Il me baisera peut-être. Toi, tu restes encore une heure dans la chambre. Ensuite tu payes la note avec ta Visa sans oublier de laisser un gros pourboire, histoire que le taulier se souvienne de toi. Tu ne reviens plus ici, jamais, c'est compris ? Pas de retour sur le lieu du crime, pas de larmes de crocodile, inutile de t'épancher dans le genre « merci pour ce moment ». Je ne suis ni romantique ni prête à te remettre entre les mains d'Igor pour une de ces corrections dont il a le secret. Tu connais ce mot qui te suit depuis toujours ? Tu es notre agent « secret ». Idée romantique du type sous emprise qui fait tout ce qu'on lui demande, même le pire. Ah, et une dernière information : Nous avions loué l'hôtel de notre première nuit. Je t'y ai mené sans difficulté et tu as rémunéré de cent euros un de nos officiers de renseignement. Les images parlent d'elles-mêmes. Tu verras, tu en as quelques-unes dans le dossier de ta trahison.

— Je dois faire quoi, maintenant ? »

Il avait presque hurlé. Elle le calma en lui posant le plat de la main sur la bouche.

« Du calme, mon vieux ministre. Tu vas te préparer à aller à la conférence de presse où tu annonceras que, sur le conseil de ton médecin, tu ne peux, tu n'as pas la force, de te présenter à la présidentielle.

— C'est tout ? Vous offrez sur un plateau la tête de l'État aux populistes ?

— Non, il y a une suite. Tu présenteras Achille de Beaujeu comme ton dauphin et tu annonceras que tu mèneras campagne pour lui, pour prouver qu'il est le candidat le mieux armé pour restaurer une France grandiose, blablabla... Tu sauras trouver les mots. Lui n'est pas suivi par un dossier quelconque, nous avons vérifié. En échange, tu seras si proche de lui que tu ne quitteras pas son entourage intime pendant au moins dix ans. Tu es réveillé, l'espion. Maintenant, il va falloir rattraper toutes ces années de sommeil. Notre investissement doit aujourd'hui être rentabilisé. Tous ces billets qui t'ont rendu riche n'étaient qu'un prêt, à rembourser aujourd'hui au taux exorbitant de l'usure du KGB. La règle, quand on est traité par le Renseignement extérieur russe. »

Elle lui tourna le dos, après lui avoir jeté l'enveloppe épaisse. Il avait adoré admirer ces jambes aux mollets tendus, et la position cambrée des pieds sur les hauts talons. À présent, il ne ressentait rien d'autre qu'une frayeur incontrôlable. Avant de disparaître, elle se retourna pendant qu'il lui lançait :

« Tu viendras ? »

Elle ne bougea que la tête, les épaules droites, le dos tendu. Le port d'une ballerine. Elle le regardait. Il ne percevait plus ni amour ni désir dans son regard. Elle était une autre. Un oiseau de proie qui rapporte sa viande dans son nid. Ses yeux n'exprimaient rien d'autre que la satisfaction du pouvoir total. Il se demanda si elle allait avoir un orgasme, rien qu'en pensant à lui, l'ancien ministre respecté, et si misérable, assis là, sur un bout du lit, le ventre pendant. Il toussa, se racla la gorge, parvint à sortir une phrase complète en dépit de cette désagréable sensation de perdre pied, de s'enfoncer dans les sables mouvants de la dépression.

« Je veux dire, tu viendras quand même à la conférence ?
J'en serai heureux, si c'est possible.

— Mon joli jouet. Bien sûr. Je ne manquerai pour rien
au monde un pince-fesses chez l'ennemi. Je me débrouille
pour l'invitation, ne t'inquiète pas pour le protocole. »

La porte claqua.

Il était seul.

Il pleurait doucement.

Le miroir de la chambre lui renvoya son image comme
une gifle. Il s'allongea, posa un oreiller sur sa tête. Il savait
qu'Odile avait raison. Il était lâche. Il n'oserait jamais raconter sa déchéance à Christine. Juste cette envie de boire qui
revenait. Tout oublier.

Jamais il ne se demanda pourquoi les Russes avaient
choisi Achille de Beaujeu pour futur président de la France.
Tout à sa tristesse, le reste ne l'intéressait déjà plus.

Il ouvrit la pochette pour y lire en photographies toute
sa vie de traîtrise. Jusqu'à la rencontre avec Odile. Leurs
nuits d'amour, dont il ne manquait aucun détail. La relation
grisante venait de sombrer dans le sordide.

CHAPITRE 15

Conférence de presse

Je fermais la porte de mon appartement pour rejoindre la voiture officielle que m'avait envoyée Hector.

C'était enfin le grand jour, celui de la présentation de l'équipe de campagne du futur président Nantier.

Nous avions bouclé le programme qui renverserait la table, au-delà des promesses non tenues du précédent président englué dans les manifestations de plus en plus nombreuses et violentes.

L'émeute avait contaminé tout le territoire et l'armée avait été appelée en renfort. L'Assemblée nationale ne votait plus une seule loi. La nation était statufiée devant le déferlement de colère de dizaines de milliers de gens venus de province toutes les semaines.

Nous étions prêts.

Je frémissais en imaginant comment, et quand, mon ami allait me convoquer pour m'expliquer, dans un face-à-face historique, que j'allais le remplacer dans la course à la présidence.

Le véhicule était garé en double file.

Je remarquai aussitôt l'officier de sécurité qui prenait place à l'avant, à côté du chauffeur.

Les équilibres avaient déjà changé. Hector Nantier avait avoué au GSPR qu'il avait renoncé et que j'étais son dauphin. J'avais vingt minutes pour m'y préparer.

Nous démarrâmes.

Ma voiture disparue, le Mérou quitta le porche d'en face. Il traversa la chaussée tout en vérifiant que personne ne l'observait.

Il avait peu de craintes.

Il observait l'endroit depuis des mois, bien avant que le Boss ne s'invite pour réinventer l'histoire de ma vie.

Le Mérou connaissait certains habitants des deux immeubles qui faisaient face à l'ancien presbytère transformé en appartements cossus. Interrogés, ces derniers auraient juré qu'il était un habitant de l'immeuble voisin, aimable et serviable, bref un habitué du quartier.

L'espion portait un blouson élégant sur des vêtements de marque. Odile ou Hector ne l'auraient sans doute pas reconnu, et les passants croisés ne l'auraient jamais imaginé avec un pardessus crasseux, des verres à double foyer, sans parler de son penchant malsain qu'il avait de se glisser au plus près de jeunes femmes qu'il observait à la dérobée.

Il ouvrit la porte d'entrée sans effort. Les hommes chargés de la préparation de la mission avaient dupliqué mes clés, qu'ils avaient déjà testées en mon absence.

Il posa son sac et fit le tour du propriétaire. Un duplex, dont il inspecta la grande chambre impeccablement rangée. En particulier les placards où pendaient des uniformes protégés par des housses de protection. Ils appartenaient à un colonel à la retraite qui les avait oubliés dans des cantines que j'avais remontées de la cave. Le pressing n'avait pas été un luxe pour ces vêtements après toutes ces années à baigner dans la naphtaline.

Dans la chambre d'amis, des cartons étaient étiquetés « à donner ». Ils représentaient mon travail de tri des jours précédents. J'avais besoin de me changer les idées, impatient à l'idée du combat qui approchait.

« Il fait le ménage dans sa vie ? »

La voix d'Odile résonnait, dans le dos de l'espion qui ne se retourna pas.

« Il prépare son déménagement au palais, il est ferré.

— J'installe les micros. Tu te charges de l'ordinateur.

— J'arrive. »

Il déplia un couteau de poche et décolla précautionneusement le scotch du premier carton. Il voulait vérifier. Des disques de Bob Dylan. Il sourit.

« Il leur suffit maintenant de remonter le filet. »

Il descendit dans le salon, croisa Odile, qui avait trouvé un escabeau à la cuisine. Elle s'affairait à cacher de minuscules puces électroniques au sommet d'un placard.

Il regarda sa montre.

« Deux minutes. »

Elle leva le pouce.

Il installa une clé USB sur l'ordinateur portable, le démarra au moyen d'un code qu'il avait inscrit dans un petit carnet. Un ronronnement l'avertit que le chargement du logiciel espion avait commencé.

« Une minute encore. »

Il avait à peine élevé la voix. Celle qui avait séduit un ancien ministre pour l'offrir à la mission du Conseiller passa devant lui avec son sac en bandoulière. Elle quitta l'appartement sans un mot. Il fit le tour des étages, vérifia que rien n'avait été déplacé, redressa encore de quelques centimètres l'escabeau de la cuisine, puis repassa récupérer sa clé informatique sans oublier d'éteindre l'ordinateur.

Il referma la porte d'entrée comme s'il était un habitué des lieux, compta le nombre de tours dans la serrure en souriant. Le militaire qu'ils espionnaient avait l'habitude de toujours laisser libre le dernier cran. Un agent non aguerri aurait refermé la serrure à fond, risquant de provoquer la suspicion du propriétaire.

Personne, pas même moi, ne l'aurait su. Désormais, ils pensaient qu'aucun son ni aucune donnée ne pourraient échapper aux oreilles du service de renseignement russe.

Non loin de là dans la rue, un couple discutait avec la factrice.

Le Mérou dépassa le groupe et hocha légèrement la tête pour signaler à l'homme et à la femme qu'il n'était plus nécessaire de retenir la fonctionnaire.

Le dispositif de protection se levait calmement.

Une dizaine de fonctionnaires de l'ambassade de Russie avait été mobilisée pour protéger l'opération. L'intrusion des deux officiers n'avait pris qu'une poignée de minutes tant ils étaient rodés à cet exercice sans grande complexité technique. Si ce n'est l'exigence d'une préparation sans faille ne laissant aucune place au hasard.

Le commandant Lefort déposa sa paire de jumelles. Il s'était installé dans un confortable fauteuil en cuir pour observer la scène depuis l'appartement de l'immeuble d'en face. Une dame âgée lui demandait si « monsieur l'officier reprendrait bien du thé ? ».

À côté de la fenêtre, camouflé par un pan de rideau, un sous-officier en civil mitraillait tous les mouvements des deux agents russes qui œuvraient dans l'appartement d'un probable futur président.

Clic sur l'installation d'un micro sur l'armoire.

Clic sur l'insertion d'une clé dans l'ordinateur portable.

Clic sur la pose d'une caméra miniature dans le salon.

Clic sur le visage en gros plan d'un obscur attaché culturel de l'ambassade de Russie entraîné à remettre tous les objets à leur place initiale après avoir sonorisé l'appartement.

Clic sur une femme, la secrétaire d'une agence de voyages spécialisée dans les séjours en Russie, célibataire. Elle aurait dû ajouter à son CV de commerciale celui de technicienne en matériel électronique.

Clic sur l'espion qui pisse dans les toilettes porte ouverte, et tire la chasse.

Le dossier du général Carignac s'alourdissait.

Le commandant Lefort prit son téléphone et appela Cincinnatus. Il lui signalait qu'ils quittaient les lieux au moment même où la porte de son appartement truffé de micros se refermait.

La vieille dame insista pour que les deux militaires reprennent du gâteau, « vous êtes un peu trop maigrichons pour combler une femme !». Elle avait passé un excellent moment avec les hommes de la DGSE, qui lui avaient demandé l'autorisation de planquer chez elle.

C'était un samedi.

Dans toute la France, les ronds-points étaient bloqués par des centaines de manifestants.

Les réseaux sociaux avaient changé les algorithmes de lecture pour faire remonter les groupes dans les fils de discussion, plus que les individus, qui s'affichaient automatiquement sur les « murs ».

En quelques minutes, des centaines de milliers d'inconnus qui ne se reconnaissaient pas, ou plus, dans la République étaient connectés entre eux.

La ferme à trolls avait reçu le même ordre : participer et désinformer. Ses cinq cents ouvriers du mot se lancèrent dans les forums, armés (s'ils n'étaient pas linguistes) d'un nouvel outil de traduction instantanée créé par les ingénieurs de Yandex, le Google russe.

En quelques jours les *hoax* distillés depuis Saint-Pétersbourg furent relayés des centaines de millions de fois.

Tout doucement, des rumeurs sur les supposées habitudes et malversations des deux principaux adversaires d'Achille de Beaujeu commencèrent à se répandre.

Elles visaient seulement les concurrents de l'inconnu qui, à la surprise générale, occuperait bientôt tout l'espace, désormais sous le feu des caméras. Pendant ce temps, l'ancien ministre de la Défense, Hector Nantier, disparaissait du premier plan.

Pourtant, personne, encore, n'était informé de la participation de Beaujeu à la joute présidentielle.

Tout changea quand Nantier commença sa conférence de presse en m'appelant à le rejoindre.

Nous nous étions embrassés fraternellement quelques minutes plus tôt. Il venait de m'annoncer qu'il avait un cancer, et donc qu'il me faudrait poursuivre le combat à sa place.

Il m'avait promis de me soutenir jusqu'au bout.

Au premier rang, sa femme Christine parlait avec une inconnue, que Nantier salua froidement un peu plus tard pendant le cocktail, alors que son épouse lui présentait Odile. Les deux femmes ne s'étaient jamais croisées auparavant. Pas même dans la maison d'édition où l'une corrigerait et l'autre prétendait publier.

Je fus poussé devant le micro par Nantier, sous les applaudissements des quelques proches qui allaient livrer bataille à mes côtés.

J'avais laissé passer quelques secondes avant de rompre le silence, m'excusant de n'être pas préparé. Puis je parlais aux journalistes directement, leur expliquant que je n'avais pas eu le temps de préparer de discours.

Pourtant, de ma bouche sortaient des mots répétés maintes et maintes fois, mais dont aucun ne venait de moi. J'avais travaillé avec un spécialiste de la voix et un psychologue des foules venus spécialement de Moscou par vol privé.

Devant moi, Sarah, ma spécialiste du *nudge*, mimait mon discours silencieusement, au rythme de mes paroles. Je ne pouvais oublier un seul mot, j'avais ma réplique sous les yeux.

J'avais appris chaque phrase par cœur. J'y reconnaissais la verve et la culture du Boss. Il concluait par les paroles d'un titre de Bob Dylan. Je m'en serais douté et aurais presque été déçu de ne pas trouver sa signature dans le texte.

Nous vivons dans un monde politique,
Où la sagesse est jetée en prison,
Pourrit dans une cellule, erre comme en enfer,
On ne permet à personne de retrouver sa piste.

La musique de *Political World* résonnait dans mes oreilles comme si le poste à cassettes criard jouait dans la salle. Grychine ne devait pas être loin pour se délecter de ses propres mots. Il ne pourrait résister. Ego surdimensionné, disait de lui Carignac. Le Boss était debout, au dernier rang de la petite salle pleine à craquer de journalistes. Il était grimé, comme à son habitude. Un vieil homme élégant, les cheveux gris, tenant une canne et portant un costume sombre. À une autre époque, il aurait lacé des guêtres claires et salué les dames en touchant du rebord son panama comme sur les vieilles photos sépia.

J'aurais aimé, mais cela m'était interdit, lui demander comment il avait trouvé ma prestation. Il m'aurait sans doute attribué une note correcte, pas trop élevée. Ce à quoi j'aurais rétorqué qu'à ma décharge le texte était bon, mais pas assez populiste, concret ou efficace pour notre cible.

Enfin, j'aurais trouvé une réplique à sa conclusion : la suite de la chanson, celle qu'il ne pouvait avoir oubliée. Celle de la vérité qu'il avait décidé de cacher.

We live in a political world.
The one we can see and can feel
But there's no one to check, it's all a stacked deck,
We all know for sure that it's real.

La salle s'était levée pour m'applaudir. Des cris jaillirent de partout, même du coin des journalistes. Des larmes coulèrent. Nantier me serra dans ses bras en me répétant qu'il n'aurait jamais pu offrir à la France un aussi beau témoignage d'amour et d'espérance.

Moi non plus, rêvais-je de lui répondre.

Nous étions lancés dans la course à l'Élysée et le soir même les premiers sondages nous présentèrent comme de sérieux challengers.

Dans les rues, la foule des émeutiers commença à scander mon nom.

Russian Today France initia une série de micros-trottoirs, interviewant des dizaines de manifestants favorables à l'arrivée à la tête de la nation d'un officier à la retraite pouvant s'enorgueillir de nombreux faits d'armes.

Bien entendu, j'acceptais un entretien avec un journaliste français qui avait rejoint leur rédaction. J'y parlais sécurité, nation, et dézinguais à tout-va mes concurrents enlisés dans les lourds dossiers révélant tous les jours de nouvelles fautes.

La ferme à trolls fit monter en puissance son œuvre de résonnance.

Igor Grychine rentra directement à Moscou. Il avait disparu dès la fin du discours de son meilleur élève.

CHAPITRE 16

La guerre

Les hommes de garde la nuit à l'ANSII furent les premiers à alerter leur hiérarchie. Il était trois heures de l'après-midi sur la côte Ouest de l'Amérique.

L'attaque était générale, mais ne touchait aucun des sites sensibles de l'État. Ni une entreprise ni un service administratif, pas un seul piratage, pas un vol de données. Les cibles étaient bloquées comme lors d'une tentative de *ransonware*. Seulement, les agressions ne touchaient aucun ministère ni une grande entreprise.

Le premier à comprendre qu'une bataille était engagée fut un jeune officier ingénieur en formation à la cyberguerre. Les nouvelles guerres.

Des dizaines d'ordinateurs s'éteignirent et autant de serveurs furent connectés entre eux, aux mains de hackeurs étrangers.

En même temps, son collègue, connecté sur plusieurs pages Facebook des Gilets jaunes, vit disparaître un photomontage très réaliste du président en petite tenue surpris au lit avec un couple d'hommes. Aussitôt disparu il réapparaissait, publié le plus souvent en commentaire d'une publication plus développée cette fois, qui mentionnait : « Je la tiens d'un garde du corps de l'Élysée, vous allez voir qu'ils vont aussitôt la supprimer. »

« Pourtant, l'algorithme de Facebook n'aurait jamais eu le temps d'effacer l'image », pensa-t-il en surfant d'une page à l'autre pour vérifier le phénomène. Il actionna le bouton d'alerte avec la joie et l'angoisse de celui qui croit avoir découvert le scoop de sa vie.

Son intuition était bonne.

Photographies, fausses reproductions de notes du ministère de la Défense, montages vidéo avec des logiciels d'intelligence artificielle dernier cri permettant de cloner les voix et les mots sur les lèvres de n'importe quelle personnalité. Aucun doute n'était possible, seule une puissance financière pouvait mettre à disposition une telle débauche de technologie et créer autant de caisses de résonnance dans la population. Surtout au milieu de la nuit.

L'équipe découvrit rapidement que la source du piratage des serveurs était ukrainienne et celle de la publication fantôme américaine. On remontait à son origine sur la page d'un groupe de suprématistes de l'Arkansas vantant les pogroms. Ils dénonçaient aussi, à grands renforts d'explications, le grand complot des lobbies de l'argent juif.

La diffusion était instantanée. Sa destruction tout aussi rapide. Juste le temps de récolter des milliers d'approbations et d'amorcer cette réplication virale qui allait se disperser chez les utilisateurs, des membres appartenant à de nombreux groupes qui démultipliaient les rumeurs. Des propos peu relayés par les usines à trolls sur lesquelles se concentraient jusqu'à présent les militaires de la guerre informatique.

« Légalement, on ne peut rien faire. Ils agissent dans le cadre de la loi américaine, premier amendement, et non de la République française. De plus, ils pratiquent le *Dark Adds*, l'ajout miracle de la désinformation, celui dont la source est impossible à tracer. Publiez, faites résonner par les milliers de robots en quelques secondes et supprimer aussitôt après. Vous montrez alors aux services des réseaux que vous avez décelé par vous-même une fausse information. Sauf que le post est maintenant répandu comme un virus. Il ne s'arrêtera plus.

— Aucun de ces salopards ne sera poursuivi ?

— Je crains que non, mon général. Quelle preuve pourrais-je fournir à un procureur ? Aucune ! »

Le lieutenant expliquait au général Carignac les défauts de la cuirasse d'une démocratie, dont les deux médias sociaux les plus utilisés du pays tombaient sous le coup de lois étrangères. L'ancien directeur de la DGSE avait passé sa nuit à travailler à l'Élysée. Il n'avait toujours pas remplacé son lacet cassé, ni changé de costume.

« Alors on donne un coup de poing sur la table ! Convoquez-moi les représentants français de ces réseaux ! »

L'autre sourit.

« C'est fait. Notre patron les a déjà invités, d'autant qu'un écrivain invité dans notre groupe de réflexion avait déjà prévenu du risque. Ils vont débarquer accompagnés d'avocats puissants et nous déclarer qu'ils ont le cœur arraché par deux contradictions : la liberté d'expression sur Internet et la prolifération de contenus faux ou de guerres de déstabilisation. Notre nouvelle loi contre les propos haineux a des effets limités. La suppression des comptes du Président Trump est arrivée après qu'il a produit des milliers de tweets complotistes. Vous comprenez le délai. La législation nouvelle a surtout permis à l'opposition de crier à la dictature du gouvernement. Mais regardez la nouveauté, mon général. Ici et là. »

Il pointa du bout de son crayon mâchouillé une partie de son grand écran. Carignac s'approcha en repoussant ses lunettes vers le bout de son nez.

« Une liste de noms ?

— Avez-vous entendu parler de notre héros national du logiciel prédictif, le jeune ingénieur Florian Gauthier ? »

Le regard du général était suffisamment éloquent pour que le militaire poursuive :

« À vingt-six ans, il a mis au point un outil qui prédit les délits. Je vous le fais court. L'intelligence artificielle lui permet de savoir où le prochain vol ou meurtre se déroulera en se basant sur l'infinité des données récoltées par les ministères et les ONG. C'est en test partout dans le monde et chez nous aussi, dans le département de l'Oise. Vous imaginez bien que les instances chargées de protéger les libertés individuelles voudront poser des limites. Mais le sujet intéresse notre maison. Predvol est le nom du système. Non pas pour une carte des lieux et personnes susceptibles de commettre un délit, mais dans notre cas ceux qui nous intéressent sont des individus virtuels qui diffusent des vérités alternatives – pour être gentils – ou des groupes de pression qui résonnent les complots. Ceux d'où partiront les prochaines attaques, et surtout – d'où ma liste – quelles seront les cibles de leurs manœuvres. Votre équipe nous a fourni un petit millier de noms et de groupes, dix fois plus de lieux et de curriculum vitae et, grâce à la téléphonie moderne, nous avons repéré toutes les antennes où ont borné les mobiles. Enfin, nos pirates ont aspiré, sans même faire le tri, toutes les données brutes de leurs ordinateurs. Cette masse d'informations est une précieuse base de données que nous n'avons pas le droit d'étudier. La NSA nous aide pour l'étranger. On laisse ensuite un Predvol customisé à notre intention, entièrement digéré par nos algorithmes, pour définir des nuages de risques.

— Vous avez la possibilité de connaître le futur criminel dans le monde Cyber ? Sur combien de temps ? Ça fout la pétoche, votre truc. Ça marche ? »

L'officier tapota l'écran.

« Je vous ai montré la liste d'hier, je fais toujours le coup aux visiteurs autorisés. À côté, vous avez le taux de réalisation de la prédiction. Nous ne sommes jamais en dessous des quatre-vingt-quinze pour cent, calculés sur la somme des informations fausses envoyées, ainsi que le nombre de partages de *Dark Adds*, le tout divisé par le nombre d'influenceurs. Cela signifie que quand une ferme à trolls utilise ses robots pour bombarder d'infox la page d'un réseau social ou noyer sous les commentaires négatifs un article de presse pour le discréditer, il obtiendra un score moins bon que si des milliers d'internautes réels pratiquaient la même action «punitive» ou politique.

— Votre prédiction fonctionne sur quelle temporalité ?

— D'une heure à plus d'un mois. Nous dépassons Météo-France dans ses prévisions ! Nous avons des calculateurs aussi puissants et une science en pleine révolution grâce à l'IA. »

L'ancien patron de la DGSE siffla.

« Je ne suis plus à la page pour cette partie de la guerre secrète, c'est une évidence. Vous vouliez me faire lire la liste d'aujourd'hui ? »

Le militaire écrivit une ligne de codes et l'écran changea.

« Beaucoup de civils ?

— C'est pour cela que le patron nous a demandé de vous solliciter. Regardez, entre deux et trois semaines. Sachant que nous n'avons pas d'informations concernant les contenus, juste que les réseaux sont en train d'être chauffés par des serveurs hackés et que notre machine nous susurre «les gars, là et là, ils nous préparent une attaque, faites gaffe, je vous aurais prévenus». N'oubliez pas que la cinquantaine de groupes qui influencent des manifestants Gilets jaune étaient présents au moins cinq mois avant le premier blocage.

— Les infox commencent à émerger à quel rythme ?

— Il faut moins d'une heure pour que le monde entier soit informé d'une fausse nouvelle. Quelques minutes suffisent en période électorale. Le chemin emprunté est souvent le même en ce moment : la Russie, ensuite ou en même temps les blogs américains les plus divers, quelquefois

montés sous faux pavillons. Un retour sur les pages extré-
mistes nationales, puis pam ! déversement à la tonne sur les
réseaux sociaux. Leur champ de bataille est la déstabilisation d'un pays influent de l'Europe ou d'un candidat non
conforme aux doctrines politiques de ceux qui les envoient
au combat. Si vous aviez le temps, je vous montrerais les
fautes d'orthographe laissées par les mauvais outils de traduction russe : on les retrouve dans la traduction française.
Parfois elles sont d'abord passées avec les mêmes erreurs par
l'américain. Ils se méfient aujourd'hui de Google Translate
et autre Bing que la NSA a bien vérolés. Les textes traduits
du russe sont automatiquement dupliqués au siège du service américain. Ils serviront de preuves en cas de cyberat-
taque politique.

— Que faites-vous quand les sonnettes entonnent leur
jolie musique printanière ?

— Si nous avons protégé la cible en nous mettant en
alerte, nous dégonflons aussitôt l'attaque. Nous pouvons
détruire la source, l'attaquer, bousiller le serveur ou envoyer
le FBI s'il y a tentative d'intrusion dans un secteur stratégique. Nous pouvons aussi mettre en œuvre des contre-
mesures privées ou politiques. Ce fut le cas pour la préten-
due histoire d'amour entre le président Macron et Mathieu
Gallet. Nous avons eu des tensions marquées sur les deux
noms deux jours avant la sortie de la rumeur. Juste le temps
de nous préparer. La veille stratégique nous a épargnés un
nouvel esclandre. Bien d'autres encore ont été évités, ren-
dus totalement inaudibles. »

Carignac pointa quelques noms.

« L'ancien ministre de la Défense, Hector Nantier, l'ambassadeur russe, le chef local du SVR ainsi qu'un officier à la retraite de la DGSE, le colonel Achille de Beaujeu, le candidat qui monte dans les sondages. Tous rassemblés dans ce que vous appelez un cercle de tension. »

Le jeune homme les isola du reste de la liste qui apparaissait à l'écran.

« Quinze jours. Une corrélation avec ces quatre gars. Si vous faites confiance à notre boule de cristal, maintenant que je vous en ai révélé les arcanes très secrets, attendez-vous à ce qu'il se passe un gros truc de leur côté. Source russe, mais pas seulement, puisque l'attaque sera menée en même temps depuis le sol américain et depuis Moscou. Bien entendu, notre savoir se limite à ces informations. Le reste sera connu au moment de la mise en ligne de la première photographie, ou de l'incident lui-même. »

Le général s'appuya contre le dossier du fauteuil. Il avait retiré ses lunettes et il les nettoyait avec son grand et incontournable mouchoir blanc.

« Avez-vous pu enquêter sur une possible relation avec un événement prévu de longue date ?

— À part l'élection, je n'ai rien trouvé. Le jour même des résultats du vote se produira une déflagration prévue depuis la Russie. »

Le lieutenant remarqua qu'un des lacets de Carignac était cassé et qu'il portait à chaque pied une chaussette de couleur différente. Carignac suivit son regard et souleva les épaules, visiblement habitué à négliger les règles vestimentaires du civil.

L'ingénieur lui avait tendu un dossier, que l'ancien directeur général de la DGSE n'avait pas saisi.

« Je vois. Envoyez le tout à Lefort. Merci pour votre formidable boulot. C'est épatant et terrifiant comme jouet. J'imagine que ma surprise est identique à celle du cavalier de 1914 qui s'élance sabre au clair et voit débouler contre son escadron de canassons une poignée de chars de combat. »

Carignac remonta ses lunettes sur son nez de boxeur d'un doigt fin, pas celui d'un fantassin, plutôt d'un Mazarin. Le général était déjà ailleurs, perdu dans ses réflexions. Carignac observa une dernière fois le grand écran avec un soupir. Puis il tapota l'épaule du lieutenant et sortit lentement de la pièce en chantonnant une comptine, dont les seuls mots, répétés en sourdine, étaient Mort'au'C.

CHAPITRE 17

Soirée de l'entre-deux-tours

L'ancien Boss se cachait.

L'homme se fondait dans la foule.

Il connaissait parfaitement les mécanismes des campagnes politiques. Aussi bien que les séances de sadomasochisme des rendez-vous télévisés.

Il avait été le conseiller principal du parti républicain lors de la dernière campagne présidentielle américaine. Il avait gagné.

Dès la fin de l'Union soviétique, il avait repris ses voyages aux États-Unis sous passeport diplomatique au nom d'Igor Grychine, le représentant informel de Vladimir Poutine auprès des Présidents américains. Il utilisait sa fausse identité, ou son nom réel d'Euthyme Korhonen inconnu des douanes et des Services. Il réveillait parfois ce jeune garçon de Carélie qui avait créé un empire au service de cette Russie qui avait déplacé sa famille et envoyé en Sibérie tous ses voisins et amis, les remplaçant par d'autres innocents forcés à voler des vies pour assurer la survie de leur famille.

En vieillissant, il reprenait son nom pour voyager, repensant de plus en plus souvent à ces instants terribles qui avaient changé sa vie.

Il n'avait jamais cru à la chance. Il était le premier de son groupe au komsomol. À une semaine de l'arrivée des funestes convois, il avait été convoqué par son chef, accompagné d'un inconnu venu de Moscou. Il tenait une liste sur laquelle étaient désignés les élus.

L'inconnu l'avait chronométré dans une course le menant de la maison au port. Il avait dû s'y reprendre à trois fois avant que l'homme fût satisfait.

« Tu seras pourchassé. Si tu te fais prendre, tu seras mort. Au port, tu prendras la rangée du centre. Ils partent plus tôt, parce qu'ils connaissent les marées mieux que quiconque. Surtout celles annoncées dans l'almanach du Parti par des scientifiques de Moscou. Ta première mission sera de convaincre l'un d'entre eux de passer à l'Ouest. Quand il te proposera de t'emmener, tu rejoindras la mairie où je t'attendrai. Nous nous occuperons du traître. »

La suite avait été si facile. Il réalisait depuis peu que les prédictions et la justesse des études psychologiques du KGB de l'époque l'avaient sorti du lot. Ils étaient certains qu'il ne trahirait jamais la Russie.

Il rouvrit les yeux alors que j'affrontais la représentante de l'extrême droite dans une dernière joute oratoire.

Nous avions raté l'élection au premier tour à deux petits points près, bien que nous ayons écrasé tous les autres partis. Lors du débat de l'entre-deux-tours j'étais en passe de laminer ma concurrente sur ses sujets fétiches, l'Europe et la sécurité. Elle bafouillait, elle attaquait mollement, il ne me restait plus qu'à esquiver et toucher. Elle n'avait pas travaillé à fond les sujets que son parti privilégiait. Elle ne connaissait pas grand-chose de la Défense ni des effectifs de la police et n'en savait pas davantage des budgets ou des doctrines. Elle ressassait des slogans, je rétorquais par des faits et un peu d'humour sur sa qualité de future gouvernante. L'ombre de Trump planait. Sa gestion des crises et ce monde parallèle dans lequel il s'était vautré, plus que réfugié, et qui avait causé sa défaite démocratique. Elle était désinformée par ceux-là mêmes qui me protégeaient. À plusieurs reprises, elle tenta de m'asséner un coup vicieux m'attaquant sur mes origines, mes campagnes, mes diplômes... Je répondais simplement qu'elle se trompait, qu'elle me confondait avec un autre personnage montrant ainsi que je connaissais la réalité du monde qui m'entourait.

J'avais écouté mon mentor, suivi aveuglément tous ses conseils, repris ses mots, appliqué ses techniques pour muscler mes reparties dignes d'une formation – commando – face aux journalistes. Il m'avait fourni le dossier des questions et réponses que l'équipe concurrente avait étudié.

Son candidat américain avait gagné grâce à sa doctrine. Grâce aux conseils de Grychine, l'équipe de campagne pro-Trump avait rassemblé les voix de ceux qui ne votaient plus. Une véritable disruption des habitudes électorales. Ils avaient réveillé des centaines de milliers de citoyens, ces « petits Blancs » oubliés de la désindustrialisation, abandonnés dans leur campagne par l'État fédéral au profit des votants habituels que sont les classes moyennes des villes.

Personne ne s'occupait d'eux parce qu'ils ne comptaient plus dans la course au pouvoir. Le Conseiller avait déplacé les moyens financiers affectés aux convaincus vers ceux qu'il voulait séduire.

Il lui avait suffi de les faire rêver.

Ses équipes avaient aussi ranimé la haine de l'autre, redonné conscience de soi et de sa différence en opposant sa propre histoire à celle de l'étranger qui obtient un travail. Entre les riches citadins qui monopolisent tout le budget de la nation face à l'école sans enfants ou la ville qui se vide à la suite de la fermeture définitive de l'usine ou de la mine de charbon locale.

Pour cela, il avait imaginé des slogans simples induisant des conclusions mensongères. Leur prochain gouvernement rouvrirait les houillères et les industries de l'acier parce que les Chinois complotaient pour devenir les maîtres du monde. Il construirait aussi un grand mur s'étalant sur des milliers de kilomètres pour contenir le tsunami des migrants, forcément violeurs et drogués, qui menaçaient d'envahir le pays. Ils taxeraient les produits venus de l'extérieur et baisseraient les impôts à l'intérieur du pays. Il voulait du *America First*, du *Make America great again*. Il montrerait l'évidence et non la complexité d'un programme que jamais ces cibles ne liraient. Trump se ferait souffler de choisir un seul mot de passe pour tous ses comptes déjà contrôlés et hackés : GAA2020, le slogan qui l'avait fait élire.

Il redonnerait aux Églises blanches, aux premiers colons de l'Ouest, le droit d'exister. Cette certitude de la promesse du paradis promis par Dieu à des ancêtres qui avaient quitté le Vieux Monde pour participer à la création du nouveau. Il révélerait tous les mensonges des médias et ceux des intellectuels, qui avaient tenu seuls une fausse vérité, un véritable complot.

Il avait réussi à repolitiser le pays, haine contre haine, post-vérité contre certitude, croyance contre science.

Dans la foule, assise derrière la grande table des deux protagonistes du débat de l'entre-deux-tours de la présidentielle française, l'homme nota une réflexion sur sa tablette. Il s'était installé au fond du studio d'enregistrement pour s'échapper dès que la foule se lèverait et se bousculerait pour approcher au plus près les deux candidats à la présidence.

Le vaccin était le nouveau sujet. Spoutnik avait publié un texte le 26 décembre 2020 qui expliquait que Moderna détruisait en douce des milliers de vaccins dangereux.

Une économie sous pandémie équivalait à une nation affaiblie. Un sujet en or pour les stratèges de la nouvelle guerre.

Je ne voyais pas le Boss, mais un petit mot glissé par Lefort m'avait prévenu qu'il était présent.

Il indiquait : cinquième rangée à gauche, hors du halo du dernier spot. Devant lui, un garde du corps faisait barrage de ses larges épaules. Aucune image ne montrerait le conseiller spécial, celui qui prônait la révolution des peuples contre la mondialisation, les révoltes des extrêmes pour faire tomber les démocraties. Nul ne saurait qu'il était en France.

Il ne levait jamais la tête, prenait des notes, concentré.

Il avait gagné. Je serai président. Je suis convaincu qu'il l'inscrivait alors que les caméras filmaient en gros plan une goutte de sueur qui glissait le long du front, puis du nez de la présidente du parti d'extrême droite.

Il ne rejoignit pas les autres conseillers dans ma loge. Trop de caméras traînaient dans les couloirs. Il descendit directement et s'installa dans la limousine qui attendait son poulain. Celui qu'il avait choisi venait de gagner le combat, son poulain officiel avait perdu.

Après cette rencontre rapide, il embarquerait à bord d'un avion privé pour Moscou où l'attendait le chef d'État-major des armées, le général Guerrassimov.

Quant à la femme politique qui s'était effondrée devant moi, il lui annoncerait lui-même qu'elle avait perdu. Elle serait sans doute rassurée, définitivement mal préparée à devenir la première des Français.

Elle était malade de peur depuis deux jours. Il lui avait fourni un peu de drogue pour se détendre juste avant l'émission. Elena, la doctoresse, avait dosé quelques molécules de façon à donner l'impression d'un début de grippe.

Le Conseiller soufflait à l'oreille de ma concurrente de façon non officielle. Igor Grychine, le représentant de Poutine, l'homme de l'ombre révélé par les médias. Le Boss m'était réservé.

Face à son challenger, inconnu des Français quelques mois plus tôt, elle avait paniqué, perdu son sang-froid parce qu'elle n'avait pas travaillé ses dossiers. Un novice en politique, croyait-elle.

Elle avait tenté la déstabilisation sans succès. Elle s'était ridiculisée face à une montagne de flegme et de technicité. À aucun moment en danger, il corrigeait l'erreur économique ou technique de son adversaire. Il apportait une précision, un argument toujours compréhensible même par le moins érudit de ses soutiens.

Le Russe avait noté les réactions des proches de la candidate. Ils étaient défaits, blêmes. Certains s'étaient levés discrètement pour sortir respirer, comme l'apnéiste perce la surface pour aller chercher de l'air.

Il avait compris, dès la première minute, qu'elle s'enfermerait dans une attitude stupide et maladroite.

Il soupira. Il avait compris très tôt que la voie légale était impossible avec elle, qu'il fallait convoquer l'Histoire.

Il se souvenait de la rencontre avec l'actuel président, qui lui avait permis de répliquer le malaise, de la forcer à se souvenir qu'elle avait déjà échoué à relever le défi, avec les mêmes armes et la même faiblesse physique.

Il allait prendre son portable pour appeler Moscou quand la porte de l'auto s'ouvrit. Elle l'avait rejoint après le débat.

« Tu as été nulle.

— J'étais *stone*. J'ai fumé un pétard juste avant pour me calmer. Un mauvais trip, une connerie qui s'ajoute à ma grippe. Tu m'en veux ? »

Il se tourna vers elle et enleva ses lunettes pour les glisser dans un petit étui en or. Ses gestes étaient lents, délicats, précis.

« Nous ne sommes pas encore au niveau, ma belle. »

Elle se laissa aller sur le dossier de cuir, ferma les yeux.

Elle chuchota :

« Je suis apaisée en quelque sorte. C'est fini pour cette fois. Tu as raison je n'étais pas au niveau. Si notre score s'approche des prévisions des sondages, alors nous aurons de quoi survivre avec les financements de campagne.

— Ne t'occupe pas du fric. Ça, c'est ma partie, d'accord ? »

Elle posa la main sur les genoux du Russe. Quelques secondes plus tard, elle dormait.

La limousine roulait sur l'autoroute en direction de l'aéroport de Villacoublay. Il allait la déposer au pied de son avion. Il lui avait préparé un long périple. Un investissement sur l'avenir, qui lui ferait visiter New York et Moscou en passant par Tel-Aviv et Dubaï.

Surtout, il était hors de question qu'elle se trouve sur le sol français lorsque le Boss lancerait le plan prévu pour les jours suivants.

La tragédie ne faisait que commencer.

Bientôt elle serait appelée pour sauver le pays. Bien mieux que de devoir truquer ou manipuler une élection.

En la regardant escalader, à moitié endormie, l'échelle du bimoteur qu'il avait affrété pour elle, il se fit la remarque que le chemin n'était peut-être pas si long. Oui, ils étaient proches de la victoire.

« Tous les moyens », une formule qui impliquait l'aide des nouveaux pouvoirs. Aux États-Unis, ses équipes étaient prêtes, reliées à une cinquantaine de groupes en colère sur Facebook et Twitter.

Elles les étoffaient avec les oubliés, dont le Boss ne demandait qu'à s'occuper. À coups d'images-chocs, de faux calculs sur le coût du gasoil ou d'accusations d'évasion fiscale des plus riches – là où se planque le fric – ses techniciens entretenaient la jalousie sociale alimentée par des rumeurs de complots imaginaires pensés par des élites en guerre contre le peuple.

Il avait le temps de rentrer à l'hôtel avant de profiter d'un dîner à la française dans un grand restaurant parisien.

Je n'avais pas le pouvoir de m'échapper de mes conseillers, de tous ceux qui affluaient espérant obtenir une place au plus près du futur palais. Je n'avais jamais eu autant d'amis, de vieux potes se rappelant à mon bon souvenir, d'anciennes petites amies ravies que je ne sois pas encore marié. Le temps béni du calme de la retraite était loin.

Par chance, mon journal me sauve de la folie du pouvoir.

J'y détaille chacun de mes actes, et ceux des autres que je devine.

Je deviens doué pour prédire les interventions de Moscou. J'hésite à croire que Poutine ne soit pas informé des manœuvres de son conseiller.

Carignac est étrangement silencieux. Je ne l'ai vu passer qu'une fois pendant les deux semaines précédentes, pour me demander si je tenais le coup.

Lefort est mon chef de la sécurité. Une légende parfaite qui permet d'installer un ancien de la DGSE auprès d'un candidat.

Il me ressemble un peu. Il se confie autant que moi.

Il est au courant de tout et me répète de faire confiance jusqu'au bout au montage imaginé par son chef. J'ai compris cependant qu'il ne le croyait qu'à moitié sincère s'étant, trop souvent, fait rouler par le vieux sorcier Carignac.

J'ai remporté le grand débat qui m'opposait à ma concurrente. Au moins n'ai-je pas eu à rejoindre le Boss dans la limousine qui le raccompagnait à Villacoublay.

Lefort sait que je serai le prochain président de la République, tout en ignorant la suite du programme. Le Boss a préféré prendre un aller simple pour l'Amérique.

J'ai rendez-vous à l'Élysée avec le président sortant pour envisager la suite de notre contre-manœuvre. Un scandale qui fera date dans l'Histoire.

Je ne sais pas encore si le président russe sera présent, arrivé secrètement, escorté de ses principaux conseillers. Il voudra certainement éviter une guerre en prenant l'initiative de l'attaque. Aux jeux d'échecs, on nomme cette combinaison le roque.

Je dois auparavant rejoindre Nantier chez Lefort à Meudon. Nous avons besoin d'un endroit inconnu de la presse pour nous reposer avant la dernière ligne droite. Une échappée de montagne où tous les coups seront permis.

Nous partirons demain matin, au volant de sa vieille DS, une relique qui a conduit, en d'autres temps et circonstances, le général de Gaulle auprès du président René Coty.

CHAPITRE 18

La bombe

Les hommes en noir avaient escaladé le mur pour descendre de l'autre côté d'un seul bond.

Deux se positionnèrent devant la porte de la maison. Deux autres entrèrent dans le garage par la porte de service. Ils se glissèrent sous la Citroën, ouvrirent les sacs à dos pour en retirer les mines qu'ils fixèrent, sous le moteur et le réservoir, à l'aide de puissants aimants.

En moins d'une minute, ils étaient ressortis, avaient sauté de la cour à la rue suivis de leurs hommes en protection.

Le Mérou les observa pendant qu'ils quittaient les lieux en courant.

Il ouvrit son smartphone et testa la communication entre le mécanisme de déclenchement des explosifs et l'application créée par le SVR. Celle-ci était camouflée dans un utilitaire de domotique et une carte de localisation GPS. Les voyants passèrent du rouge au vert instantanément. Il ferma l'application, puis pianota un numéro de téléphone.

« Boss, c'est installé. Vous pouvez communiquer avec la bombe selon le timing prévu directement depuis le siège de votre avion. Le président se tiendra en haut du perron quand ils arriveront. Ce sera le moment idéal. »

Il démarra sa voiture de location. Il ne put apercevoir, et encore moins essayer de déjouer la filature de ses collègues du SVR.

Cinq véhicules se relayèrent autour de lui toute la journée jusqu'à son retour à l'ambassade de Russie.

Dans l'ombre d'un porche, plus loin, le commandant Lefort ouvrit son téléphone.

« Mon général, les terroristes sont ressortis de chez moi. »

Un temps de silence suivi de la voix calme du général Carignac.

« L'équipe de déminage sera bientôt sur place. Retournez à Cincinnatus. Dormez-y en paix, Lefort. Demain sera compliqué.

— Je préviens Achille ?

— Non. Reposez-vous. Je me charge de le prévenir. »

Lefort regarda l'écran de son mobile, surpris. Il hésita, puis releva son col de blouson et partit à pas rapides vers sa voiture.

Le matin suivant, il sortit la DS de collection. Celle qui avait transporté maintes fois le Général de Gaulle et son épouse, de Paris aux vignes vierges du domaine de la Boisserie à Colombey-les-Deux-Églises.

Nous avions dormi puis avions longuement évoqué la suite. Lefort m'expliqua que nous devions passer chercher

Nantier. Il me laisserait ensuite. Je conduirais son auto jusqu'au palais où nous attendrait le président.

Le matin était pluvieux, gris. L'ancien ministre de la Défense se tenait sur le perron comme prévu, nerveux. Lefort embarqua dans la voiture du GSPR pendant que Nantier prenait place à mes côtés. Nous roulâmes en direction de l'Élysée, en silence.

Après de longues minutes, il se racla la gorge avant de confier :

« J'ai un secret que je voudrais partager avec vous, mon ami. Une sorte de pacte que je dois rompre pour vous prouver que je regrette mon passé et vous tiens en plus grande estime que vous ne le pensez. »

Hector avait parlé doucement, la voix tremblante.

« Je n'ai pas de cancer. Je ne me suis jamais aussi bien porté. Il y a quarante ans j'étais un prétentieux de gauche qui ne croyait qu'au gaullisme, cette voie médiane refusant et le communisme et l'impérialisme américain. À cette époque, j'ai été approché par le conseiller culturel de Yougoslavie, flatté qu'il me demande de l'aider à entretenir l'indépendance de son pays vis-à-vis de l'URSS. Tito n'était pas encore ce dictateur totalitaire qu'il deviendra par la suite, il croyait à des réformes et s'opposait souvent aux directives staliniennes. Je croyais à la légende que le conseiller culturel me contait. Peut-être aussi me persuadais-je que j'allais entrer dans l'Histoire. C'est pourquoi j'ai demandé une affectation à l'ambassade de Belgrade. C'est ainsi que j'ai pu être formé aux arcanes de votre ancien métier. Je suis devenu une taupe des services yougoslaves, du moins le croyais-je. Ce que je n'avais pas compris en réalité, c'est que j'étais tombé entre les mains du KGB. La suite est banale et vous en connaissez tous les ressorts : carottes d'enveloppes emplies de gros billets, coups de bâton pour rappeler que je pouvais à tout moment être démasqué. Il suffisait d'une lettre et de quelques photographies compromettantes. J'étais ambitieux, je me suis servi de cette manne pour intégrer les loges, me faire accepter dans les sphères les plus élitistes de la capitale. Je me suis rapidement fait remarquer et c'est ainsi que j'ai intégré les cabinets les plus prestigieux. Après, ma carrière était tracée. Je serais le ministre de toutes les sensibilités, un sauf-conduit pour l'intégration des idées centristes offrant une majorité au président, qu'il soit de droite ou de gauche. »

J'étais un peu embarrassé. Je connaissais son histoire et ne pouvais le lui révéler. Il reprit :

« Je croyais l'ardoise effacée avec la fin de l'URSS. Vous n'imaginez pas mon bonheur quand le Mur est tombé ! Enfin libre, pensais-je. Il n'en était rien. Ils m'ont piégé à nouveau. Cela faisait trente ans que je n'avais pas reçu de nouvelles du KGB ou du SVR quand une femme m'a séduit. Une de leurs agents. Mon dossier a resurgi aussi brutalement que je me croyais amoureux au point de tromper ma femme Christine. Ils m'ont obligé à vous céder la première place. Je comprends aujourd'hui qu'ils avaient raison, que vous étiez bien mieux armé que moi pour gagner.

« Mais la vérité, mon cher Achille, est qu'ils me forceront à rester à vos côtés, à tout rapporter, à trahir une nouvelle fois mon pays. Je ne peux plus supporter ma vie. Je vous devais cette confession, Achille. Il faut que vous m'aidiez, vous en aurez bientôt le pouvoir. »

Je pris une profonde inspiration pour m'empêcher de lui répondre que Carignac avait tout prévu.

Je ralentis, mis les feux de détresse avant de stationner l'auto le long de la route. Le bois de Boulogne nous entourait de son silence. Derrière la DS, deux véhicules banalisés se postèrent en attente. Cela ne devrait plus tarder. Je sentis mon rythme cardiaque accélérer.

« Je garderai le secret. Je vous le promets. »

Je vérifiai ma montre. Lefort fit sursauter Nantier quand il tapota sur la vitre, nous faisant signe de la baisser.

Les témoins rares à ce moment de la journée, un couple de joggeurs et un promeneur de chiens, indiqueraient plus tard que la voiture avait explosé. Propulsée à plus d'un mètre du cratère creusé par la bombe.

CHAPITRE 19

Euthyme

Le pilote du vol AF066 d'Air France avait présenté ses excuses aux passagers de la ligne Paris-Los Angeles. Un incident technique l'obligeait à se poser d'urgence à San Francisco pour réparer une avarie.

Aucun danger n'était à signaler mais, le temps de refaire le plein avec les passagers restés cantonnés sur leurs sièges, ils repartiraient avec deux heures de retard environ sur l'heure prévue.

Une collation serait offerte et l'équipage rouvrirait le bar, gratuitement.

Le Boss sourit au deuxième rang de la première classe. Il ne se souvenait pas d'un seul vol sans retard ou sans incident sur la compagnie française.

Il replongea dans sa lecture, les écouteurs bien enfoncés dans les oreilles.

I guess I'll have to change my plan
I should have realized there'd be another man
I overlooked that point completely
Until the big affair began

Bob Dylan parlait plus qu'il ne chantait. Le Conseiller du président Vladimir Poutine releva la tête en se remémorant ce refrain.

Tant de fois il avait dû changer ses plans, trouver une autre voie pour atteindre ses objectifs. Il repensa à cette longue histoire, qu'il avait dirigée de sa volonté implacable. Il était maître dans l'art de la divination stratégique.

Plus de trente ans avaient passé depuis la mort de son personnage passeur de drogue. L'élimination de ses premiers petits concurrents, la reprise par la force des territoires jusqu'à ce qu'il réussisse à gérer la vente industrielle du premier réseau américain de trafic de drogue.

Mais, l'épisode le plus constructif, l'élément créateur de sa grande machination, avait été la découverte de l'identité réelle du petit Français. Celui qui aurait pu tout découvrir, non son œuvre de grand délinquant mais un enrichissement personnel trop rapide qui servait ses projets à long terme et dont il avait fait l'officier le gérant pour l'éternité.

Il pressentait alors que les centaines de millions qu'il s'efforçait d'amasser constitueraient la clé de sa future prise de pouvoir. Avec Achille de Beaujeu en joker.

Boss is back ! Oui, le Boss était de retour.

En réalité, il n'avait jamais vraiment quitté la côte Ouest, base arrière de sa machination.

Il était l'expert de l'impossible, celui qui gouvernerait l'Europe dans quelques semaines.

Même Vladimir Poutine devrait l'écouter et lui obéir. À eux deux, ils pèseraient sur l'histoire de l'humanité plus qu'aucun tsar. Aucun empereur n'avait osé rêver d'un tel empire.

Il repassa en revue toute sa belle organisation, la chronologie, les financements, les jeux de dupes, les acteurs employés à la journée et tenus au secret, leur peur panique de décevoir ou déplaire au Boss.

Comme cela avait été le cas avec le faux Guerrassimov. Il avait parfaitement joué son rôle face à Beaujeu et aux efficaces jeunes Russes de l'usine à trolls. Un sosie presque parfait, habitué aux textes complexes. Il n'avait jamais failli. Une perfection qui aurait, sans aucun doute, dû lui valoir un Oscar.

La soirée au Kremlin avait été la pièce maîtresse. Tous ces industriels et ces intellectuels si flattés d'être reçus au siège du nouveau monde, au centre de tant d'idées novatrices. Une nébuleuse, qui les faisait accourir sur un claquement de doigts en avion privé pour un dîner au caviar dans le saint des saints du pouvoir de l'Armée rouge, du vainqueur d'une guerre mondiale.

L'acteur n'était pourtant qu'un tragédien sans le sou qui traînait de cafés en bars, artiste pathétique de one-man-show.

Le faux Guerrassimov était mort et enterré, victime selon les Services d'un procureur proche de la retraite, d'une hallucination. Drogue et vodka ne font pas bon ménage sur un lac à peine gelé quand on est nu, les mains attachées par un Serflex en plastique.

Il devenait gourmand, se prétendait essentiel, laissait imaginer qu'il pourrait nuire au montage par quelques révélations à des journaux occidentaux.

Il ne savait rien. De toute façon, un comédien ne vit jamais très longtemps après un passage, même éclair, dans les scénarios du Boss. Celui-ci avait joué sur des ressorts psychologiques bien connus. L'expérience de Milgram était sa référence, l'un de ses jeux préférés, qu'il avait hissé au niveau d'art. Comment faire accepter les pires choses à un exécutant sous la seule force d'une autorité « légitime » ?

Les équipes de la ferme à trolls auraient pu déclencher l'apocalypse nucléaire qu'ils auraient affirmé, pensant se dédouaner, qu'ils avaient « seulement » exécuté les ordres. Ceux du chef d'État-major des armées russes, lequel appliquait les directives reçues directement de la bouche de Vladimir Poutine.

Beaujeu s'était fait prendre au piège lui aussi.

Il n'allait pas devenir le dernier président de la Ve République. Et son ami Nantier, son confident réveillé sous faux pavillon, serait celui sur qui retomberait le régicide.

Grychine avait tout prévu.

Une lettre déposée sur son bureau expliquerait son geste désespéré et des résidus ayant servi à la préparation d'une bombe artisanale, retrouvés dans un tiroir fermé à clé de la cave, signeraient l'attentat.

Le Russe n'avait pas même eu à appuyer sur le bouton de la bombe. Il était bien trop malin pour cela.

Les émissions des portables pouvaient être localisées par le plus médiocre des enquêteurs.

Un homme inconnu des services d'enquêtes devait simplement téléphoner à l'heure dite à un numéro préenregistré, puis jeter l'appareil dans la première poubelle venue sans même éteindre l'appareil. Il serait vite retrouvé, revêtu des seules empreintes de l'homme qu'un ancien ministre victime d'un attentat avait surnommé le Mérou. Ce dernier ne savait pas qu'il actionnerait la bombe. Il avait juste appelé un numéro de téléphone à Moscou.

Il jeta un œil à sa montre.

Cela faisait déjà quelques minutes que la charge avait éparpillé les débris de la voiture où se trouvaient son pauvre Achille aux côtés d'un dépressif en colère d'avoir échoué là où son dauphin avait mieux réussi que lui à prendre le pouvoir. Si on ajoutait à cela sa maladie incurable, le suicide semblait l'unique solution pour un esprit malade de jalousie.

La tragédie survenait dans la cour de l'Élysée au moment où l'avion du Boss abordait sa descente sur l'aéroport de San Francisco. Là où tout avait commencé trente ans plus tôt. Un temps nécessaire pour écrire l'Histoire.

La suite était prévisible.

Parce que l'engin avait sauté devant le perron du palais, il n'y avait plus de président, plus de challengers, plus de témoins. Une crise institutionnelle s'ensuivrait, les émeutes enfleraient, de plus en plus fortes, manipulées par ses hommes de terrain.

La révolution accoucherait d'un changement de régime qui ferait table rase de l'ancien. Elle éliminerait les partis fautifs, les politiques pleutres et les profiteurs. Les slogans étaient prêts à être peints sur les banderoles. Les syndicats suivraient. La rue, même minoritaire, déboulonnerait les statues de la Ve République.

Il éprouvait une tristesse profonde de n'avoir eu d'autre choix que d'éliminer Achille.

Il l'aimait comme le fils qu'il aurait souhaité avoir. Mais le colonel de Beaujeu n'aurait pas été servile en tant que président. Il aurait même été capable de diriger ce fichu pays avec efficacité.

Tout cet investissement en intelligence et en argent n'aurait servi à rien s'il avait placé aux commandes de la cinquième puissance mondiale un président dévoué à sa patrie.

C'était décidé : le prochain président serait une femme, chef du parti d'extrême droite. C'était son choix depuis longtemps. C'était un placement à très long terme, une éternité.

Il n'avait qu'une seule solution pour parvenir à ses fins et c'est Achille qui lui avait fournie sans le vouloir.

L'atterrissage fut exemplaire, sous les applaudissements des passagers apparemment surpris d'avoir survécu. Un hommage que le pilote reçut comme une injure. La voix de l'hôtesse y mit un terme en rappelant que personne ne devait bouger de sa place avant d'en avoir reçu l'ordre des autorités.

Le dernier mot de la phrase résonna dans la tête d'Igor Grychine, alias le Boss.

Un coup d'œil au hublot l'avertit qu'ils quittaient la piste pour rejoindre un parking isolé.

Au bas de l'échelle, prête à être accolée à l'avion, des véhicules – nombreux – de police. Les lumières des gyrophares tournants donnaient l'impression de danser en rythme.

« Ne bougez pas monsieur, s'il vous plaît. »

Il avait tenté de quitter son siège, mais deux hommes devant lui et un couple derrière s'étaient levés au même moment. Il les avait à peine remarqués pendant le vol. Ils étaient discrets et avaient dormi pendant tout le trajet.

À y réfléchir, il ne pouvait oublier qu'il avait remarqué qu'ils s'étaient assoupis chacun à son tour pendant que l'autre lisait un livre ou visionnait un film. Ils écartèrent leur veston pour signifier qu'ils étaient armés. Le Boss en avait bien croisé un quand il se dirigeait aux toilettes. S'il avait porté une arme à ce moment-là, il ne l'aurait pas manquée. L'agent avait parlé en anglais. Sa plaque de ceinture indiquait qu'il appartenait au FBI.

Le Conseiller resta calme.

Il n'avait rien à craindre des Américains.

Ceux-là ne se doutaient pas qu'il était protégé jusqu'au Bureau ovale.

« Je ne comprends pas. Il doit y avoir une erreur, je suis protégé par un passeport diplomatique avec rang d'ambassadeur de Russie.

— Je ne pense pas, monsieur. Le nom sur le document en question et les prérogatives qui en découlent sont des faux. Vous êtes connu à San Francisco comme le dénommé Euthyme Korhonen né en Carélie en 1947, celui-là même qui a acheté son billet à Paris. Nous chercherons ce passeport, le trouverons et conserverons l'autre, celui qui vous suit dans un double fond de votre veston, comme pièce à conviction. Moi aussi je sais palper un homme quand je le croise dans un couloir d'avion. Vous allez être poursuivi pour une centaine de chefs d'inculpation : trafic de drogue, blanchiment d'argent, corruption, meurtres et tentatives de meurtre à San Francisco et sur toute la côte Ouest. Les peines ne sont couvertes par aucune prescription. Le dossier a été alimenté toutes ces années par les Services français et le Trésor américain. Nous sommes ravis d'avoir enfin un nom à poser sur un homme recherché depuis si longtemps.

— Je n'ai jamais travaillé dans cette ville. »

La femme à côté de l'agent sourit à son tour. Elle leva un sac de scellés. Il contenait des habits. Le Boss reconnut le foulard que portait Achille quand il l'avait connu musicien sans talent dans un bar à prostituées. Il le lui avait offert. Il lui permettait d'imaginer la réaction de son « fils » à la réception d'un cadeau trop personnel pour ne pas laisser transpirer son affection.

Elle reprit, satisfaite de son changement d'expression :

« En trente ans, la science a fait de sacrés progrès dans l'analyse des indices. Vous avez ordonné le meurtre d'un homme que vous avez embrassé avant de le laisser pour mort alors que vous étiez un caïd recherché. Vous avez eu beau vous enfuir ensuite, vous avez laissé des traces génétiques sur votre victime. Deux policiers retraités présents sur les lieux à cette époque témoigneront qu'ils vous ont vu ordonner son assassinat. Nous avions la plaque d'immatriculation de leur véhicule de patrouille mais nous attendions plus de preuves pour éviter qu'ils se défilent. Même aussi longtemps après. Vous laissez un souvenir compliqué à ceux que vous croisez. Ils confirmeront que l'homme est mort au carrefour d'Haight et Ashbury. Nous avons reçu de Russie *via* la valise diplomatique vos références et les avons comparées à ces scellés fermés depuis tout ce temps.

« Les sceaux ont été ouverts devant témoins et magistrats afin que vous ne puissiez les extraire des preuves. Les traces génétiques *matchent*. Il a été facile ensuite de faire parler vos avoués et de réunir les aveux des cadres et employés de la pyramide économique de votre empire financier. Nous allons vous lire vos droits puis nous descendrons calmement sur le tarmac pour laisser repartir cet avion, que nous avons dérouté avec la complicité des autorités françaises. Auparavant, j'ai un message pour vous, monsieur Euthyme Korhonen. »

Elle lui tendit un papier plié en deux.

Le feuillet était signé Achille de Beaujeu.

Before I knew where I was at
I found myself upon the shelf and that was that
I tried to reach the moon but when I got there
All that I could get was the air

Salut, le fils du vieux boiteux.

Celui qui a donné sa véritable identité à son plus vieil ennemi.

Tu m'avais dit que je te devais une vie, pas deux. Je ne te suis donc plus redevable de rien.

Je viendrai te saluer, un jour, en prison. Je ne porterai plus le nom de cette belle légende mais tu me reconnaîtras : j'ai récupéré dans ta valise, avant qu'elle soit chargée dans la soute, ta paire de bottes rouges. Elles me vont parfaitement.

Magnanarelle, manillier, margotteau, massacrier, mateur, mazelier, métivier, minageur, molequinier, mortelier, moulier, mulquinier, navetier, noircisseur, nombrier, noperesse, ollier, orgier, oribusier, oublieur, et surtout ce dernier. Je connais aussi les vieux métiers de ma langue. C'est un Québécois, Paul Reymond, qui en a écrit le dictionnaire.

Tu vois, là c'est mon tour.

Je ne t'ai pas oublié, Boss, je te souhaite de vivre vieux, Euthyme.

Et ne m'appelle plus « man », je n'ai plus l'âge. Je suis une vieille légende morte il y a si longtemps, au croisement d'Haight et Ashbury.

Rappelle-toi, nous ne sommes pas Jésus marchant sur l'eau, juste ces hommes qui surfent la loi.

Il comprit tout.

Un flash dans son cerveau et tout s'éclaira.

Il rendit la lettre à la femme qui tendait la main en souriant.

« C'est cet homme qui possède tout, il n'est pas mort ce jour-là ! Je ne suis qu'un pantin entre ses mains. Mes avocats prouveront sans difficulté qu'un officier des renseignements français a mis en place un vaste complexe d'enrichissement criminel. »

Le premier homme qui avait parlé avait sorti sa petite carte plastifiée sur laquelle étaient écrits les mots exacts des droits à réciter avant de procéder à une arrestation. Auparavant, il réfléchit et répondit :

« Nous avons vérifié. Votre vieux notaire nous a sorti la même histoire. Je souhaite bonne chance à vos avocats, car il n'existe pas – et n'a jamais existé – de véritable Achille de Beaujeu autrement que dans les actes d'achat de biens et de sociétés de votre cartel. Quant à celui que vous avez tué en France, nous laisserons la justice de ce pays agir en conséquence. Nous savons que rien n'est réel, juste un jeu d'acteurs. Vous avez monté sa vie, loué son appartement rue de Châteaudun, inventé une carrière, manipulé un ancien ministre. Vous avez même recruté, dans un cabinet ministériel, un officier qui aurait pu ressembler à votre Achille de Beaujeu. Nous savons que vous avez financé sa formidable réussite, qu'il n'était que votre marionnette. Comme pour un autre comédien mort à Saint-Pétersbourg qui jouait le rôle du général Guerrassimov, vous l'avez ensuite fait disparaître. Pour ce qui est de notre juridiction, nous avons suffisamment de charges contre vous. Je vous lis maintenant vos droits.

Alors qu'un officier lui menottait les mains dans le dos, un autre parlait à haute voix pour que tout l'avion soit témoin que la procédure était complète. Le Boss laissa éclater un rire de dément qui traversa la carlingue.

Les passagers suivirent le mouvement comme une vague impossible à arrêter.

Au milieu des éclats des mots revenaient sans cesse en français, des « sacré putain de salopard d'Achille ».

Ils quittèrent l'appareil ainsi, le fils du vieux boiteux, incapable de mettre un pied devant l'autre, tenu sous les aisselles par les agents fédéraux.

Il comprenait que celui qui se faisait appeler Achille savait depuis le début qu'il servait de prête-nom.

Le KGB s'était trompé, manipulé à l'époque par celui qui deviendrait le général Carignac.

Dans ces temps troublés de la guerre froide une légende opérationnelle avait été doublée pour traquer les taupes du Service et, au moins, éviter de risquer à un opérationnel infiltré de se faire démasquer.

Achille n'était pas en place pour surveiller le Boss. Il servait d'appât pour démasquer tout un réseau.

Les traîtres du service français avaient été mis à la retraite, remerciés, quelques-uns décorés, mais au moins ne représentaient-ils plus aucun danger. Carignac ne voulait pas faire de vagues. Au contraire, il tenait à laisser croire aux Russes qu'il ne savait rien.

Ce que les Fédéraux ignoraient en revanche, et «qui ne regardait personne !» selon Carignac, c'était la chronologie qui avait permis de contrer les manœuvres du Boss.

Dès que j'avais eu la certitude que j'étais suivi, j'avais contacté discrètement mon ancien chef.

À l'occasion d'une fête rapidement organisée par des anciens du Service j'avais poussé la porte de la maison de l'ex-directeur général de la DGSE en vacances dans le Sud-Ouest. Nous avions alors lancé quelques appâts pour tâcher de comprendre qui était derrière cette filature.

Nous avions fini par tout comprendre lorsque je lui avais raconté, dans le train, ma rencontre avec Guerrassimov.

«Il est fort votre Boss, mon neveu. Il a profité de la disparition du chef d'État-major des armées russes pour le faire réapparaître à vos côtés à Saint-Pétersbourg. Vous auriez pu avoir l'idée plus sotte que grenue de vérifier son agenda, si l'acteur avait été moins performant. Lui seul, l'éminence grise, le Conseiller si proche de Poutine pouvait savoir où était le chef d'État-major. Seulement, nous sommes aussi quelques autres à avoir été invités à une réunion ultraconfidentielle à Londres. Nous y avons discuté baisse des tensions et retour dans nos cages avant que tout explose. Guerrassimov était en face de moi, pas dans votre limousine. »

Carignac m'avait alors signifié que je n'appartenais plus à sa cellule, mais qu'il avait encore un petit service à me demander qui me prendrait tout au plus quelques mois.

« Des vacances, mon neveu. J'aime beaucoup quand vous m'appelez mon oncle, je passe pour un vieux graveleux. »

Je ne suis pas le président de la République, mon cher journal. Jamais je ne publierai mes mémoires, mais je vais te conter la fin de cette histoire, juste entre toi et moi. Du moins, pour l'instant.

CHAPITRE 20

L'Élysée

À l'Élysée, les invités avaient rejoint le salon de l'étage.

Christine était en pleine discussion avec Odile. Deux femmes très élégantes dans leurs robes longues. Lefort fut surpris de les voir aussi proches, et détendues.

L'éditeur buvait du whisky en compagnie de son ex-assistante, devenue son associée et sa compagne légitime.

Ils échangeaient avec un conseiller du président, chargé des affaires de sécurité intérieure. L'éditeur tentait de le convaincre d'écrire un livre sur la vie présidentielle de ce dernier quinquennat compliqué.

Ils étaient en petit comité ainsi que je l'avais souhaité. Un peu plus loin, quelques gardes républicains en tenue d'apparat avaient le regard concentré de commandos prêts au combat.

« Fin de partie. On ferme. »

Carignac se tenait derrière eux. Il était entré par une porte dérobée, invisible aux regards derrière les moulures et les décorations. La plupart des invités ne l'avaient jamais vu vêtu de sa tenue officielle d'officier général. Les décorations sur sa poitrine racontaient l'histoire d'une vie militaire, l'uniforme conservant le souvenir de ses nombreux faits d'armes.

« Je vais vous raconter une histoire, plutôt destinée à nous-mêmes bien que nous ayons là un participant, une parfaite comédienne qui la racontera à son tour à Moscou. N'est-ce pas celle qui se fait appeler Odile ? L'ambassadeur de Russie nous a confié le dossier – remarquable – de ses qualités d'officier de renseignement du SVR, à mi-temps dans une agence de voyages russe. C'est d'abord le récit d'une déconfiture. Votre Ivan, notre Mérou, est aux arrêts à son ambassade, et j'ai bien peur que son cas soit désespéré. Il écopera d'un long séjour dans vos mines de sel pour cet échec ou d'une balle dans la nuque pour trahison.

« Un éminent conseiller du parti républicain états-unien, et de notre candidat de l'extrême droite, est menotté en ce moment même sur le tarmac de l'aéroport de San Francisco. Le président russe a perdu son plus fidèle conseiller à trop vouloir tester le pouvoir et devenir le maître du monde occidental. Votre gourou est désormais hors de portée, mais son arrestation causera une gigantesque – j'ai hésité avec magnifique – explosion de scandales allant de la Maison-Blanche à la présidence française en passant par la Russie. Notre diplomatie a œuvré de concert avec la vôtre pour découvrir qui était l'auteur de cette honteuse tentative de déstabilisation de la cinquième puissance mondiale, autrement dit nous. Nous avons une chance unique de calmer pour un temps les fermes à trolls et la doctrine servant à déstabiliser en permanence les démocraties. »

Les personnes présentes écoutaient bouche bée le général, partagées entre l'effarement et une curiosité avide de connaître la suite. Il avança vers Odile.

« En ce moment, des centaines de vos affidés colportent l'annonce de la mort d'un président par explosion. Nos techniciens le leur ont fait croire en leur mijotant une infox aux petits oignons. Nous avons eu le temps de préparer une mise en scène digne des productions *bollywoodiennes* avec décollage d'une DS, trou dans le bitume et cadavres calcinés. Vos gens seront traqués après avoir été moqués par la France entière. Leurs maisons ont déjà été investies par les forces tactiques de la DGSI. Un procureur spécial est sur place et perquisitionne au moment où je vous parle. La petite armée que vous gardiez bien au chaud pour mener vos offensives sur Internet y a été aplatie, menottée et envoyée *manu militari* au 84 rue de Villiers à Levallois-Perret. Nous avons découvert des serveurs connectés avec une technologie impressionnante – les techniciens m'ont parlé d'intranet crypté, mais je n'y connais rien – aux fermes à trolls de Moscou et de Saint Pétersbourg. Vous cachiez évidemment quelques armes, beaucoup de tracts, encore plus d'argent liquide et de listes qui intéresseront nos anciens renseignements généraux. Toute une littérature sur les supports logistiques et les caisses de résonance que vous rémunériez pour propager l'émeute et radicaliser les foules. Enfin, ma gourmandise légendaire fut titillée par le catalogue nourri de comptes dans des banques helvètes. Un, en particulier, fait de vous l'associée d'un trésor de guerre issu des rapines et autres trafics de drogue d'un ponte de la cocaïne américaine. Vous étiez plus intime du Boss que personne, non ? »

Elle n'eut pas le temps de répondre. Carignac continua, toujours plus proche d'elle :

« En Russie, le FSB a investi les immeubles qui fournissaient par le passé la désinformation russe. Désinformation utilisée cette fois à des fins privées. Poutine est tellement furieux d'avoir été trahi par son meilleur ami que je plains sincèrement ceux qui se sont fait rouler en croyant à une commande du Kremlin. La suite est plus triste. »

Le président de la République entrait.

Il avait le visage grave.

Il s'avança vers le général.

« J'ai de mauvaises nouvelles, Carignac. Nos deux amis sont morts dans l'explosion de leur voiture. Il s'agit d'un coup terrible sur lequel il faudra enquêter de manière transparente. Je vous fais confiance pour cela, général ? »

Lefort blêmit.

Le chef de l'État continua :

« Je vais prendre immédiatement la parole pour dénoncer cet acte terroriste sur toutes les chaînes. Deux héros sont décédés. Pour l'instant, une cinquantaine de mercenaires a été arrêtée dont les auteurs de l'attentat contre le restaurant parisien et le meurtre de nos policiers. Il n'y aura pas de révolution pour renverser la démocratie. Voici la comparse du complot. »

Il la toisa.

Son visage avait pris la couleur de la pierre. Déjà, les gardes républicains les entouraient.

« Je sors d'un entretien téléphonique avec le président russe aussi peiné que moi par ces événements. Il sera présent demain matin à l'Élysée pour témoigner son soutien et son horreur devant une tentative de déclaration de guerre mondiale. Nous avons compris comment la doctrine Guerrassimov pouvait être utilisée par des entreprises privées. Le chef d'État-major russe a ouvert la boîte de Pandore et, bientôt, des multinationales pourront elles aussi avec moins de cent millions de dollars, une peccadille à leur niveau, tenter de faire de certains États leur marionnette. Cette nouvelle arme permettra d'affirmer leur monopole face aux démocraties si nous n'y prenons garde. L'argent, la manipulation des foules par le trucage des algorithmes des serveurs de réseaux privés et sociaux, tout cela nous fait entrer dans l'ère de la guerre virtuelle. Avec cette guerre d'un genre nouveau, *lowcost,* la tentation sera de plus en plus forte d'asseoir son pouvoir ou de servir son besoin effréné d'augmenter ses profits. »

Carignac avait saisi au passage une coupe de champagne qu'il avala d'une traite avant de prendre la parole.

« Quand nous nous sommes rencontrés, monsieur le président, autour d'un cognac et d'un des cigares de Castro, je vous avais parlé de ce momentum. Les ronds-points bloqués par une minorité échappant à tout parti ou syndicat, des hommes de main infiltrés et une campagne de dévalorisation des élites risquant de mener droit à la guerre civile. Notre Boss ne pouvait rater cet instant. Il a réveillé son vieil ennemi dont la légende courait toujours. Nous avons aménagé la vie d'Achille de Beaujeu dans un petit appartement de la rue de Châteaudun. Nous n'avons pas eu à attendre bien longtemps. Grychine était si pressé de profiter de cette aubaine. Le reste de l'histoire, vous connaissez. »

Christine s'effondra dans les bras du président et Lefort s'empressa, malhabile.

L'espionne quittait la scène menottée et sans un regard vers le public médusé.

Le président avait déjà quitté la pièce.

Lefort était en colère, il apostropha son chef :

« Mais, mon général ? Vous m'aviez assuré qu'une équipe de démineurs était sur place, je cite vos propres mots ! »

Carignac avait hélé un serveur en livrée.

Il n'était plus Cincinnatus.

Il avait desserré sa cravate, le nœud pendant négligemment sur sa chemise.

« Nous servons le récit, commandant. Nous ne sommes pas sur Terre pour refuser l'Histoire mais pour mettre nos talents à essayer – avec nos pauvres moyens – de sauver nos libertés. Un jour, vous comprendrez. Ces deux hommes ne pouvaient plus faire partie de l'acte suivant. L'écrivain ne l'aurait pas permis. »

Lefort réalisait à présent pourquoi son chef lui avait ordonné de revenir à l'Élysée quand deux fourgons étaient arrivés sur leur position du bois de Boulogne.

Il appréciait Achille de Beaujeu.

Il connaissait aussi l'intelligence du général Carignac. Il savait qu'il ferait toute la lumière sur l'attentat.

Lefort tourna les talons et quitta la pièce, maîtrisant difficilement sa colère. Carignac sourit à Christine et haussa les épaules.

CHAPITRE 21

Nantier

Le dossier d'Achille de Beaujeu est refermé, détruit. Il n'en reste plus aucune trace. Carignac en était le garant, allant jusqu'à vérifier au palais qu'il ne restait pas le moindre mot me concernant.

Seuls le président, Carignac et moi nous en souviendrions.

Je n'étais pas propriétaire de cet appartement de la rue de Châteaudun bien entendu. Nos financiers experts avaient réussi à en faire la propriété d'une petite société de marchand de biens, dont l'actionnaire unique au Luxembourg était le trust du Boss. Il avait été saisi comme tous les biens français de l'ex-Conseiller et de ses entreprises d'investissement. L'avance financière consentie par la DGSE avait donc été rentabilisée sur une très courte durée.

Jamais le Boss n'aurait imaginé que je puisse vivre en province cultivant des tomates l'été, fumant le cigare au coin du feu l'hiver, en compagnie d'une épouse et d'une ribambelle d'enfants.

« Tu es un citadin, man ! Il te faut du monde et du bruit, des histoires et des légendes ! Quand je regarde ta bibliothèque et ta discothèque et que je vois qu'il ne manque pas une seule biographie de Bobby, pas un seul disque, même pas l'album des chants de Noël ! Quand je pense que tu as dépensé une partie de ta retraite pour acheter *Christmas in the Heart*… Je t'ai donné le meilleur, man ! Le reste, c'est la vie qui te l'a offert. »

J'avais rendu cette collection à Véronique, l'épouse d'un ami, très inquiète, à m'en remercier plusieurs fois, d'avoir enfin recouvré son trésor. Prêté sans son accord par son mari écrivain qui avait cédé à une inoubliable négociation de Carignac.

Tous les autres membres de l'équipe Cincinnatus avaient cru déjouer une opération classique de contre-information ayant abouti à la mort des deux hommes protégés.

Une enquête commune de l'Assemblée nationale et du Sénat montrerait qu'une tentative extérieure de déstabilisation et de guerre avait échoué. Des récompenses honorifiques pleuvraient mais, comme à son habitude, Carignac s'en tiendrait le plus éloigné possible. Il n'aura été pendant cette période d'émeutes qu'un visiteur de plus des soirées de travail tardives à l'Élysée.

Cette mémoire ne durerait qu'un temps vite, remplacée par une nouvelle manœuvre qui retarderait à son tour l'échéance d'une guerre.

J'allais mettre un point final à mon journal sur ce chapitre amusant de ma vie quand une dernière pensée me vint à l'esprit. Hector était vivant.

Je l'imaginais retrouvant sa femme.

Il faut se souvenir du contexte : nous avions été séparés dès notre arrivée à Orléans au camp de débriefing de la DGSE.

Hector ne saurait jamais qui j'étais vraiment, ni avec qui il avait travaillé. S'il voulait conserver la protection de Carignac il ne poserait jamais la moindre question à mon sujet.

Nantier et son épouse avaient été réunis quelques heures après l'allocution du président.

Je pouvais, sans difficulté, me les représenter assis dans le petit salon d'un baraquement à un seul étage, non loin de Cercottes.

Après un instant de silence, les mains dans les mains, ils avaient dû parler doucement.

« Et maintenant ?

— Mon vieil Hector. Tu vas devoir tout raconter à l'équipe de débriefing. Tout ce que tu as vendu à l'ennemi compte, même les secrets les plus anciens. Tu verras, ta confession te fera du bien. Ils sont parfois un peu rudes, m'a confié le général Carignac, mais tes réponses nous offriront la possibilité d'une fin de vie tous les deux si tu le désires vraiment. À toi seul d'essayer de te sauver. Moi, je t'attends. Tes enfants sont déjà informés. Ils ont compris dans quel pétrin tu t'étais fourré et comment tu avais contribué à rattraper l'affaire. Je crains qu'ils ne haïssent quelque temps le grand homme d'État que tu fus plus que le traître que tu es. Avant de tout remettre en ordre chronologique et dans une temporalité des époques qui expliquera tout sans pour autant rien excuser. »

Christine n'avait pas attendu sa réponse.

Elle l'avait embrassé, laissant la place à trois hommes qui déposèrent de lourds dossiers sur la table basse.

Hector Nantier les reconnut.

Ils avaient pris la place de Lefort dans le bois de Boulogne lorsque ce dernier avait frappé à la vitre du conducteur de la vieille DS.

Ils avaient attendu que le commandant disparaisse pour faire venir un fourgon noir dans lequel ils avaient tous embarqué.

Ensuite, les artificiers avaient œuvré. Ils savaient qu'il ne s'agissait pas de mannequins placés dans la voiture. Ils ne sauraient jamais à qui appartenaient les corps de ces malheureux dérobés à la morgue et qui finiraient en cendres échappant ainsi à une autopsie.

Quant à Achille et lui-même, ils avaient été sortis brusquement de l'auto avant d'être jetés sans ménagement à l'arrière d'une camionnette.

Le temps de verrouiller la porte, le véhicule démarrait en trombe alors qu'ils tentaient de se relever, toujours sous le choc de leur enlèvement.

Ils avaient entendu l'explosion au moment où ils quittaient le bois. Les deux amis descendirent de la camionnette une fois arrivés au camp de la DGSE, près d'Orléans.

La DS n'avait jamais transporté le Général de Gaulle nulle part. Elle avait été empruntée pour l'opération. Juste un véhicule saisi parmi des centaines d'autres dans de banales affaires de police. Son propriétaire ne la réclamerait jamais, il croupissait en prison pour au moins dix ans.

J'avais suivi un officier en treillis de combat, et l'ancien ministre de la Défense avait été menotté.

« Nous commençons, monsieur le ministre ? »

Hector prit sa respiration et commença son récit par le recrutement d'un attaché culturel de la Yougoslavie, alors jeune énarque plein d'avenir.

ÉPILOGUE

Le fils du vieux boiteux

À Saint-Pétersbourg, un homme marchait le long du canal Griboïedova, à une centaine de mètres de la passerelle Bankovsky et ses lions d'or.

Il ralentit, fit demi-tour et jeta négligemment une pièce d'un euro à la face gravée d'un temple grec. Directement dans la casquette renversée d'un mendiant, debout sous un porche, concentré à ne pas être repéré par la police chargée de la propreté touristique des lieux.

La même que celle que portait le passant dans sa poche de poitrine. Mais seul lui le savait.

C'était le signe de reconnaissance que le miséreux attendait depuis le matin. Il lui tendit en échange le papier plié en quatre qu'il cachait dans sa paume serrée.

Les coordonnées d'une famille y étaient inscrites.

Il recevrait un virement sur son compte en bitcoins. Il était l'un de ces héritiers du renseignement soviétique qui traquaient les secrets d'antan par le piratage des anciennes archives.

L'un et l'autre quittèrent l'endroit aussitôt, dans des chemins opposés.

Je m'étais promis de vérifier une histoire, celle d'un enfant s'enfuyant de la Carélie après le massacre de sa famille. Un enfant passé à l'Ouest pour y devenir un illégal grâce à un vieux pêcheur qu'il avait surnommé grand-père Aamos.

Je n'avais pas utilisé les Services russes et pour cause, j'étais entré illégalement en Russie par la Lettonie, ma vieille filière. J'étais sur place depuis quelques semaines, envoyé par Carignac pour une autre mission.

Je me rendis aussitôt à l'adresse.

Une vieille dame répondit à ma sonnette sur sa porte.

Elle me l'avait ouverte après avoir débloqué la chaîne à double sécurité. Le quartier avait sombré dans la délinquance, avec ces mineurs, bras armés des petites mafias locales, qui sniffaient de la colle. Les immeubles bourgeois tombaient en ruine, occupés le plus souvent par d'anciens fonctionnaires qui avaient eu l'opportunité d'acheter les biens que la collectivité soviétique leur confiait après la chute de l'URSS. Des propriétaires pauvres qui n'avaient pas les moyens de les entretenir mais résistaient tant bien que mal à la gentrification de leur quartier. Des entrepreneurs les harcelaient pour transformer leurs logements vétustes en palais qu'ils comptaient revendre à prix d'or aux nouveaux potentats de l'économie russe.

La femme qui m'accueillit devait être un peu plus âgée que mon ancien chef, ce patron du réseau principal du trafic de drogue de l'Ouest américain. Elle avait été professeur de lettres classiques.

Les murs de son deux-pièces étaient couverts d'ouvrages à la couverture cartonnée. Surtout des auteurs d'avant la révolution. Je lui avais apporté une orchidée, qu'elle tenait sur ses genoux, impressionnée que la nature puisse engendrer une si parfaite création.

Je lui racontais que j'étais journaliste, que j'écrivais un scénario pour un documentaire sur la Carélie soviétique.

Était-elle bien native du village de Vyborg ?

« J'ai fait partie de la dernière fournée. Nous avons tous déménagé la même semaine. Nous devions rejoindre un kolkhoze au sud de Moscou. Nous partions et croisions les familles qui arrivaient pour nous remplacer. Je me souviens que j'avais oublié ma poupée de chiffons. J'ai couru et un soldat m'a attrapée pour me forcer à retourner vers mon groupe. J'ai eu le temps de voir une petite qui serrait mon jouet entre ses bras en pleurant. Je me suis toujours demandé pour quelle raison, si elle était triste de savoir qu'il était à moi, oublié, ou si joyeuse de recevoir ce cadeau pour elle par ceux qu'elle chassait. C'est ce genre de détail qui vous poursuit jusqu'à votre mort.

— Y a-t-il eu des meurtres lors de l'évacuation ?

— Non, pas à ma connaissance. Nous avons été rudoyés, pressés, mais j'ai retrouvé toutes mes copines et tous mes copains quand nous avons été rassemblés dans le grand baraquement qui avait servi de salle communale pendant des années. Ensuite, nous avons été embarqué dans les camions.

— Vous souvenez-vous de la famille Korhonen ? On parle d'une disparition totale de cette famille. Un père, une mère et trois enfants, deux filles et un petit garçon. »

Elle hésita, n'osa pas poser la plante et finit par me la tendre.

Elle se leva ensuite pour aller chercher un album.

Il était posé à non loin de son fauteuil, elle devait l'ouvrir fréquemment.

Elle tourna les pages tout en me racontant comment la vie avait repris le dessus petit à petit pour les déracinés de son village. Leur kolkhoze produisait pourtant, et la terre était bonne. Les enfants pouvaient poursuivre leurs études, des couples naissaient, des rires de fêtes et des douleurs d'enterrements poussaient le temps vers l'avant. Un jour les femmes arrêtèrent de pleurer. Mais jamais les hommes n'oublièrent leur village de pêcheurs. Ils restaient des Finlandais au milieu d'une population qui les détestait.

Soudain elle s'arrêta.

Elle posa l'index sur l'image.

« On vous a raconté des bêtises, jeune homme. Je savais que je l'avais. Voici la famille Korhonen lors du mariage de mon frère aîné avec l'une de leurs filles, la plus âgée et la plus jolie, une véritable peste. Nous étions déjà partis depuis des années. Voici le vieux boiteux, un héros de la guerre patriotique. Il a dû mourir quelques années seulement après ce cliché. Il travaillait pourtant aux champs jusqu'au bout, aussi fort que les autres avec son pied en bois qui claquait sur les pavés. Voici la cadette qui a réussi de belles études de médecine. Et voici Euthyme, le dernier, un véritable voyou. Il n'était pas dans les camions qui nous arrachaient de Vyborg. Il avait fui, comme s'il avait été prévenu et qu'il s'entraînait déjà à échapper aux soldats. Nous le retrouvâmes au Kolkhoze en arrivant, bravache, les poings sur les hanches comme s'il avait terminé premier d'un concours. Tout le monde s'en méfiait et il aurait vendu sa mère au commissaire politique pour un jambon. Il a même dénoncé son père pour un pied de tabac non déclaré contre une bonne note au komsomol. Pour le vieux, ce furent des coups de knout et pour le jeune, la pension des cadets à Moscou. Ça, c'était avant son exclusion définitive par tous les membres de la famille. Parce qu'après, il y eut cette terrible affaire du père Aamos, un ancien pêcheur devenu chef du komsomol. Le petit a monté une histoire sur lui pour le punir de ne pas lui offrir de la viande en cachette. Elle était douée cette petite vermine. Aamos fut envoyé au goulag et sa famille ne l'a plus jamais revu. Le vieux boiteux était furieux. Il l'a fichu à la porte et a brûlé toutes ses affaires sur la place du village.

« Le commissaire politique qui avait condamné le vieil Aamos est resté cloîtré dans sa maison jusqu'à ce qu'une section du KGB le remplace par un jeune qui n'avait pas connu la répression après la guerre. Pour eux, pour nous, Euthyme était mort. J'ai entendu dire qu'il était devenu officier du KGB, cela ne m'étonne pas, c'était déjà le roi de la délation dans sa jeunesse. »

Elle regardait l'image fixement, le regard plein de haine. Je lui demandais si je pouvais prendre une photographie avec mon portable.

Elle la décolla et me la tendit.

« Gardez-la. Les Korhonen sont tous décédés aujourd'hui. Il ne reste que très peu de survivants de cette époque. La vie était si dure ! »

Je la laissais après avoir longuement discuté du retour en Carélie de certains d'entre eux. Ils allaient découvrir que d'autres vies avaient transformé leurs anciens villages. Des gens d'une nouvelle génération avaient remplacé les déplacés forcés. « Il y a des gens heureux même dans les pires endroits », avait-elle conclu.

Je n'avais pas l'intention, à l'époque, de rentrer en France.

Muni de nouveaux papiers et d'une légende qui me mettrait à l'abri du FSB j'étais devenu à mon tour un illégal.

Carignac m'avait confié une longue enquête sur la famille et les biens financiers du clan du président Poutine. J'avais plusieurs semaines devant moi, et quantité d'anciens contacts à réveiller.

J'étais dans mon élément.

La clandestinité me plaisait bien davantage que l'idée de devenir le chef de l'État. Bien que…

Je t'ai raconté, mon cher journal, comment je suis devenu président de la République.

Ce fut couché entre tes lignes à mon retour.

Quant au général, l'ex-Cincinnatus, il avait dû inviter Lefort à le rejoindre dans sa thébaïde du Sud-Ouest.

J'ai croisé deux fois Carignac en Russie à cette époque, quand j'avais besoin de faire passer des documents en Occident.

Imaginez-le affublé d'une chapka ridicule et d'un manteau de fourrure, « aussi lourd que le tapis d'honneur de l'Élysée, mon neveu ! ».

Il s'était installé au milieu d'une délégation officielle et faisait hurler de rire ses hôtes.

Il m'avait bousculé, me propulsant au sol d'un seul coup de ventre.

Ses mains de cardinal avaient subtilisé mes documents tout en me menaçant de la géhenne éternelle pour ma capacité à rouler sur le trottoir aussi négligemment « qu'un camion six roues de l'armée polonaise dans une émeute de Solidarnosc ».

Il m'avait aussi chuchoté à l'oreille :

« Quand l'oncle se charge du courrier, on parle alors de voie diploppotamique, mon neveu, en référence à son allure d'hippopotame ! »

Le commandant Lefort accepterait une trêve. Malgré le ressentiment d'avoir perdu deux hommes sous le couvert d'une simple opération de contre-information. Malgré les promesses et les assurances de son chef, après un cigare cubain et quelques verres de cognac, il resterait sur sa fin.

Carignac lui raconterait une autre vérité. Sans hésitation et avec sa bonhomie habituelle, ses yeux gris capables de tout observer, de tout enregistrer.

Il avait pour religion la certitude que l'Histoire serait mieux servie ainsi.

« Le secret ne se partage pas, mais l'amitié s'entretient, c'est le secret de la vie, mon neveu. »

Before I knew where I was at
I found myself upon the shelf and that was that
I tried to reach the moon but when I got there
All that I could get was the air
My feet are back upon the ground

Bob Dylan

FIN

« C'est un faux espion espagnol. Il nous rend
De grands services. Les renseignements qu'il porte aux
Ennemis sont ceux que je lui donne, en sorte que l'on
Peut influer sur leurs décisions. »

Edmond Rostand
Cyrano de Bergerac, acte IV

De l'État-nation à l'entreprise-État
Par Véronique Anger et Patrick de Friberg

Publié le 25 mars 2014 dans *L'Opinion* et dans Les Di@logues Stratégiques :

https://www.lopinion.fr/edition/politique/l-etat-nation-nation-a-l-entreprise-etat-10622

http://lesdialoguesstrategiques.blogspot.com/2014/03/la-revolution-numerique-nest-pas-ce-que.html.

Révolution numérique, révolution digitale, des formules passées dans le langage courant. Mais de quoi parlons-nous précisément ? Quels sont les véritables enjeux ? Qui sont les nouveaux maîtres du monde ? Qui sont les gagnants et les perdants ? Et, surtout, quels sont les impacts de cette révolution sur chacun de nous, sur nos vies privées et professionnelles ? L'Homme du XXIe siècle saura-t-il s'adapter à ce changement d'ère que chacun perçoit sans vraiment le comprendre. Une période de l'Histoire de l'humanité fascinante et effrayante à la fois, dont l'accélération brutale fait perdre les repères. Un tourbillon dans lequel semblent se perdre nos esprits trop cartésiens alors que le monde se complexifie.

Nous vivons une révolution, un « changement de monde », pour reprendre l'expression de Michel Serres.

Oui, le monde tel qu'on l'a connu est en train de disparaître pour laisser la place à un nouveau système de pensées, de valeurs, de pratiques, de relations aux autres, de production de richesses, de rapports de forces, de nouveaux pouvoirs.

D'anciens beatniks devenus maîtres du monde

La fin de notre monde, c'est peut-être la fin d'une forme de civilisation, mais ce n'est pas pour autant la fin du monde… si tant est que ceux qui nous gouvernent parviennent à comprendre les défis à relever pour notre pays et qu'ils s'adaptent sans tarder à un mouvement qui ne pourra plus s'arrêter et encore moins faire machine arrière. En dépit de la résistance des États qui n'apportent comme réponses que réglementations et taxes supplémentaires. En dépit des craintes des citoyens qui ne perçoivent pas immédiatement les bénéfices de ce changement de monde censé leur offrir de nouvelles opportunités. Des citoyens à qui l'on vante chaque jour le principe schumpetérien de « destruction créatrice » sans savoir quand, faute de formation suffisante, ils pourront enfin profiter des nouveaux emplois promis dans le secteur du numérique et de la *e-economy*.

Comment, dans un contexte où tout est mouvant, tirer son épingle du jeu ? Les grands acteurs de la *e-economy* imposent leurs règles du jeu sur la scène économique mondiale. Google, Apple, Facebook, Amazon & Microsoft (le fameux GAFAM) nous obligent à revoir notre conception même de l'État et de la démocratie et à repenser notre civilisation sur de nouvelles fondations. Peu d'observateurs semblent en avoir pris la mesure. La plupart d'entre eux ne voient en GAFAM que d'anciens beatniks devenus maîtres du monde. Des libertaires critiqués pour avoir trouvé le moyen d'échapper à l'impôt et aux taxes en toute impunité.

Les multinationales : une espèce en voie de disparition

Jusqu'à présent, les multinationales se contentaient de pratiquer l'optimisation fiscale et de recruter loin de chez elles une main-d'œuvre à bas coût. Mais aucune n'aurait osé refuser de contribuer financièrement à la richesse de son pays. Avec leur modèle fondé sur le rapport du capital (rente des actionnaires) contrairement au modèle typique d'un GAFAM moins intéressé par les profits que par le pouvoir. D'où des experts déstabilisés quand Facebook perdait de l'argent alors que ses actionnaires ne se souciaient pas de la rentabilité immédiate.

Si les multinationales consentent à respecter un code de bonne conduite en acceptant le principe des redevances financières (impôts, charges sociales…) sur leurs profits dans l'intérêt de la communauté, la conception de GAFAM (sa vision du monde, des rapports de pouvoir, de son rôle sur la scène mondiale…) est tout autre.

Vestige de la colonisation et de la suprématie des pays développés, symbole pour beaucoup du combat entre capitalisme et lutte des classes, incarnation de la compétition effrénée entre les États, les multinationales (depuis la compagnie des Indes aux comptoirs d'Asie en passant par Alstom, Danone, EDF, Renault, Sanofi, Total, Veolia, ArcelorMittal ou Continental) qui, jusqu'à présent, profitaient de la mondialisation économique et financière voient leur puissance remise en cause par ces nouveaux « joueurs » qui leur disputent leur terrain de jeu en inventant de nouvelles règles, de nouvelles valeurs, de nouvelles façons de penser l'entreprise sans frontière.

On connaissait le lobbying des entreprises sur les États, et la réponse des États qui rappelaient à l'ordre en imposant des mesures financières dissuasives allant jusqu'à menacer les récalcitrantes de nationalisation. Souvenons-nous du ministre du Redressement productif, Arnaud Montebourg, évoquant la nationalisation « provisoire » d'ArcelorMittal en 2012.

De l'État-nation à l'entreprise-État

Contrairement aux multinationales, qui revendiquent un pays d'appartenance et acceptent de reverser une partie de leurs profits aux États où sont présentes leurs filiales en contrepartie de certains avantages, les entreprises de la *e-economy* n'ont ni frontières ni pays d'appartenance et encore moins l'intention de reverser de l'argent aux États. À la différence des multinationales, les entreprises de la *e-economy* évoluent en marge des États. Et si on traçait les frontières de chacun des membres de GAFAM on constaterait que ce sont les clients et les employés qui déterminent les frontières, non un pays d'appartenance ou la situation géographique des filiales.

Pour la première fois, des entreprises présentes partout dans le monde rejettent le principe d'adhésion à un modèle qui fonctionnait bien jusqu'à présent. Les entreprises de la *e-economy* refusent de contribuer à l'enrichissement des États, non par culture du profit comme les multinationales rentières qui délocalisent pour réduire leurs coûts de production, mais pour acquérir toujours plus de pouvoir.

Comme les dirigeants de multinationales, les dirigeants de la *e-economy* pratiquent l'optimisation fiscale non pour engranger toujours plus de profits mais pour réinvestir cette richesse sur des marchés porteurs comme les NBIC (Nanotechnologies, Biotechnologies, Intelligence artificielle et sciences Cognitives) ou le *big data* notamment.

En refusant de verser un impôt sur les sociétés et des charges sociales, les dirigeants de la *e-economy* refusent de contribuer au bien commun en finançant les services publics d'éducation, de protection sociale et de santé, de justice, de sécurité, de transports… Ils préfèrent investir dans leurs propres modèles et décider eux-mêmes de la façon de répartir les richesses.

Ainsi, en créant leur propre modèle de mutuelle de santé, de crèches, de formation, de sécurité contre les cyber attaques et autres ou de retraite, ils inventent leur propre organisation tout en s'affranchissant des États. Sur l'impulsion de leurs dirigeants, les employés de GAFAM se considèrent d'ailleurs comme appartenant à un même groupe, une même organisation partageant les mêmes valeurs, les mêmes pratiques, la même culture, le même langage geek, la même philosophie, une certaine vision du monde pourrait-on dire.

Le management à la Google, souvent cité en exemple, fait rêver les jeunes générations qui arrivent sur le marché de l'emploi. Un management faussement « cool » et un environnement de travail en apparence idyllique où chacun semble s'épanouir en tenue décontractée dans un contexte empathique avec salles de sport et installations *high-tech* en contrepartie d'un travail acharné et d'une adhésion presque sectaire aux règles internes de l'organisation. Une révolution aux relents libertaires mais gare à celui qui oserait dévier du discours officiel ou dénoncer des dysfonctionnements. Il serait immédiatement banni, comme cela a pu se produire chez Amazon par exemple.

Vers une nouvelle guerre froide ?

Une organisation qui ressemble à un État. Un État hors des États. Comme on l'a vu, l'entreprise-État souveraine affranchie des États-nations s'organise autour de ses propres modèles et décide de l'affectation de ses budgets, non pour participer à la « chose publique » (comme dans la *res publica*, la République que l'on connaît en France par exemple) mais pour s'assurer des monopoles dans les secteurs les plus en pointe et créateurs de richesses.

Pour ne citer que l'exemple de Google (qui est bien plus qu'un simple moteur de recherche), la société investit depuis 2013 dans la robotique et l'intelligence artificielle (avec Boston Dynamics), les neurosciences et les nanotechnologies (avec Google X Lab), la santé (décodage génétique, longévité et aussi le « transhumanisme » avec le projet Calico pour améliorer les performances du corps humain), l'énergie (avec Google Energy), le *big data* qui permet la collecte et le traitement d'informations de masse (analyses d'opinions, observateur de tendances, prévention de la criminalité, sécurité).

Face à ces géants de l'*e-economy*, les États actuels ne font déjà plus le poids. Non pas à cause de la valeur en capitalisation ou du CA réalisé par ces entreprises mais à cause des informations auxquelles GAFAM donne accès. Google est installé sur tous les ordinateurs du monde et Facebook compte plus de 750 millions d'utilisateurs actifs chaque jour dans 39 pays. Il est amusant de se souvenir que beaucoup annonçaient régulièrement la fin de Facebook ou d'Apple il n'y a pas si longtemps encore. Jusqu'à ce que le monde comprenne que leur modèle est non seulement intelligent parce qu'il leur donne le pouvoir, mais également très rentable.

En 2013, Apple a dépassé ExxonMobil en termes de capitalisation. L'ex-plus grande capitalisation mondiale (438 milliards) se fait coiffer au poteau par une entreprise de la *e-economy* ! Aujourd'hui la capitalisation de Google est évaluée à 413 milliards de dollars (avec un chiffre d'affaires 2013 de 60 milliards de dollars). Celle d'Apple à 500 milliards de dollars (avec un CA de 58 milliards de dollars). Facebook atteint les 130 milliards de dollars (avec un CA de 8 milliards de dollars), Amazon 6 milliards (avec un CA de 17 milliards de dollars) et Microsoft 260 milliards de dollars (avec un CA de 78 milliards de dollars). Une puissance financière cumulée de 1311 milliards de dollars ! L'équivalent du budget de l'État français pour un an.

Certes, séparément, GAFAM n'a pas encore dépassé les Big 5 de l'industrie américaine (ExxonMobil, Walmart, Chevron corporation, Conoco et General Motors) mais preuve est faite que le vieux monde disparaît pour laisser la place au nouveau monde. Des startups de la *net economy* qui n'existaient pas il y a quelques décennies évoluent désormais dans la cour des grands, propulsées aux côtés de trois sociétés énergétiques, un grand de l'automobile et un géant de la grande distribution.

Dans le futur, on peut imaginer une guerre plus idéologique qu'industrielle entre ces leaders de l'industrie qui ont toujours réussi à s'adapter aux changements (en 2007, General Motors était moribond) et les maîtres de la *e-economy*. Les velléités d'alliance entre Apple et Tesla Motors (véhicules électriques haut de gamme) ou tout autre *joint-venture* susceptible de décupler la puissance de GAFAM obligent les grands groupes traditionnels à se poser la question de leur avenir. Pour survivre, les multinationales pourraient choisir d'adopter le modèle de GAFAM et, à leur tour, s'affranchir des États et s'enrichir plus encore.

Et que se passerait-il si GAFAM décidait de créer une coalition et envisageait une cyberguerre contre les États ou des concurrents gênants ? À eux tous, Google, Apple, Facebook, Amazon et Microsoft peuvent prendre la main sur la totalité ou presque des ordinateurs de la planète. Parallèlement à cette force de coalition, que pèserait un État ou une grande industrie concurrente ?

La querelle des Anciens et des Modernes

Les entreprises, petites et grosses, qui n'ont pas encore compris que le modèle a déjà changé risquent de disparaître. Une espèce remplace tout simplement une autre espèce dans un système darwinien. La France va-t-elle réussir à trouver sa place dans la *e-economy* face à des entreprises-États de plus en plus puissantes qui font rêver nos « meilleurs cerveaux », diversifient leurs activités dans des secteurs de pointe qui leur assureront bientôt des moyens et un pouvoir décuplés ?

Des entreprises-États qui pourraient, grâce à leur trésorerie, acheter 83 % des brevets déposés dans le monde chaque année. Des entreprises-États qui refusent le système, mais créent leur propre système : un État en marge de l'État. Des entreprises-États plus riches que les États qui décident comme elles l'entendent de la redistribution des richesses, mais refusent de payer pour ceux qui n'appartiennent pas à leur organisation.

Les Anciens, c'est-à-dire le monde d'avant (les États et le système économique traditionnels) vont-ils entrer en guerre contre les Modernes (les entreprises-États affranchies des États) ? Ce serait absurde et une guerre perdue d'avance. Quand les États n'ont plus le pouvoir d'imposer leur modèle (sécurité, santé, éducation, énergie, etc.) comme c'est le cas aujourd'hui, d'autres modèles émergent portés par GAFAM et d'autres puisque de nombreuses startups copient le modèle GAFAM aujourd'hui.

Ce n'est que le début, et c'est la faillite des États qui a conduit à cette situation en même temps que les nouveaux outils numériques permettaient d'inventer une nouvelle économie et une nouvelle conception du monde.

Game over !
Les États ne sont déjà plus capables de faire rentrer l'impôt, et de plus en plus d'activités échappent au contrôle des États qui ne pourront pas résister longtemps en légiférant pour essayer d'endiguer le mouvement et tenter de retrouver une puissance passée qui ne reviendra plus. En tous les cas sous la forme que l'on a connue. *Game over !* Que cela nous plaise ou non, on a déjà basculé dans une nouvelle ère.

GAFAM n'est que la partie émergée de l'iceberg, de cette révolution qui se déroule en ce moment sous nos yeux. Pourtant, bien peu d'experts comprennent ce qui est en train de se passer. Et tous ceux qui théorisent sur le Nouveau Monde en se référant à un système de pensée qui remonte aux années 1970 sont dépassés par le phénomène. C'est le cas de nos politiques et de nombreux pseudo-spécialistes de la question, qui se limitent souvent à critiquer GAFAM et leurs méthodes sectaires ou antisociales.

Si nos élites politiques et économiques n'y comprennent pas grand-chose et que le peuple subit cette révolution digne de la révolution industrielle de plein fouet c'est parce qu'on ne peut plus penser le monde de façon binaire, comme on l'analysait au temps de la lutte des classes et de la guerre froide. La question n'est pas de savoir comment nous allons retarder l'inéluctable mais comment allons-nous nous adapter pour prendre le train de cette révolution en marche pour le meilleur... et sans le pire ? Le débat est ouvert et se poursuivra toute la journée du 5 juin dans le cadre du 2e Forum Changer d'Ère, qui se tiendra à la Cité des Sciences et de l'Industrie.

Véronique Anger-de Friberg est la présidente-fondatrice et l'organisatrice du Forum Changer d'Ère (L'événement de la transformation digitale) réalisé en public et direct intégral sur Internet depuis 2013. Forum Changer d'Ère fait référence au livre de Jacques Robin (1919-2007) *Changer d'ère* (Seuil, 1989) et aux membres du Groupe des Dix, pionniers de la pensée complexe en France. Patrick de Friberg est écrivain, spécialiste de la guerre froide.

DU MÊME AUTEUR

Sous le nom de Patrick de Friberg :
Le Dossier Déïsis, Le Castor Astral
Le Représentant, Alire, Québec
Momentum, Goélette éditions, Montréal
Genetik Corp., VLB éditeur, Montréal
Homo futuris 2, François Bon, Publie.noir, collection e-styx
Tsunami, François Bon, Publie.noir
Les auteurs du Noir face à la différence, Jigal
Dossier Kristina, François Bon, Publie.noir
La Dernière Peste, François Bon, Publie.noir
La véritable histoire du Watergate, In Octavo
Le Dossier Rodina, Nouveau Monde
La véritable histoire de l'assassinat d'Elvis, In Octavo
Monsieur Jour, Nouveau Monde
Nous étions une frontière, French Pulp éditions
Le Codex des espions, French Pulp éditions

Sous le nom de Mornevert :
Isabelle, Jacques-Marie Laffont
Passerelle Bankovski, Jacques-Marie Laffont
Homo Futuris, Des idées et des hommes
Exogènes, Des idées et des hommes

Quelques ouvrages édités par Véronique Anger

**Aux éditions Changer d'Ère.
Ouvrages collectifs (depuis 2013) :**

Au-delà de la révolution numérique : retour à l'Humain
Force de Proposition pour changer d'ère : vade-mecum de la politique
du futur à l'attention des citoyens
Sur les traces du Groupe des Dix : Du Groupe des Dix au Forum
Changer d'Ère.

Aux éditions Des idées et des hommes (2007 à 2010) :

L'Infiltration, Jean-Marie Albert
Tube, Yves Bonnet
Un ange sans elle, Serguei Dounovetz
Mission Albatros, Daniel Hervouët
L'Étau, Daniel Hervouët
Homo Futuris, Mornevert (**Patrick de** Friberg)
eXogènes, Mornevert (**Patrick de** Friberg)
La supplique du perdant, Vladimir Volkoff
Les Di@logues Stratégiques : mieux comprendre la complexité et
l'évolution du monde, collectif, préface de Joël de Rosnay
2020 : Les Scénarios du futur : comprendre le monde qui vient, Joël
de Rosnay, préface de François de Closets
L'urgence de la métamorphose : Inscrire notre conscience humaine
dans l'aventure de l'univers, Jacques Robin, préface de René
Passet, postface d'Edgar Morin
Christianisme et droits de l'Homme, Jean Graven, Jean-Marie
Aubert, préface du pasteur Michel Wagner

Judaïsme et droits de l'Homme, collectif, préface de René-Samuel Sirat

Islam et droits de l'Homme, collectif, préface de Dalil Boubakeur

Urgence Darfour, collectif : Morad El Hattab. André Glucksmann, Jacques Julliard, Bernard Kouchner, Bernard-Henri Lévy, Jacky Mamou, Richard Rossin, Philippe Val…

Bagdad : Journal d'un reporter, Patrick Fort, préface de Christian Chesnot

Crime sans traces : Chronique d'un inceste dénoncé, Marie-Thérèse de Fontenelle

Des perles à faire pâlir les cancres, Jacques Kravetz

Le Book des vacheries, Jacques Kravetz

Aux éditions Des idées et des hommes Jeunesse :

Gontran : Le loup gourmand, Rosalinde Bonnet

La Culotte, Rosalinde Bonnet

Un appétit de Reine, Rosalinde Bonnet

Le Village où il ne pleuvait plus, Rosalinde Bonnet

Princesse Léa et le fantôme d'Alphonse III, Gilles Corre, Caroline Hesnard

Un cœur qui donne des ailes, Anja C. Klauss

Et moi, Anja C. Klauss

La maison Toutencarton, Mariane Laforest

Votre chien pète les plombs ? Petit manuel de survie !, Karine Molinié, Sonia Etchegaray

Mais où est donc passée la deuxième chaussette ?, Nicole Robinson-Jans

Imprimé par BoD – Books on Demand,
Norderstedt, Allemagne

Dépôt légal : mars 2021
ISBN : 979-10-96140-01-5